Online-
Dating

Anja Stiller

Online–Dating

Ein Ratgeber zur Liebe
in Zeiten des Internets

Trotz gewissenhafter Bearbeitung kann eine Haftung für den Inhalt nicht übernommen werden. Für aktuelle Ergänzungen und Anregungen ist der Verlag jederzeit dankbar.
Wir bedanken uns bei allen, die uns unterstützt haben.

Impressum

© 2023   BuchVerlag Leipzig GmbH
Gerichtsweg 28, 04103 Leipzig
Tel.: 0341 / 493574-0, Fax: 0341 / 493574-40
www.buchverlag-leipzig.de

Alle Rechte vorbehalten.
Nachdruck, Vervielfältigung und Verbreitung – auch von Teilen – bedürfen der ausdrücklichen Genehmigung des Verlages.
Das gilt insbesondere für Übersetzungen, Mikroverfilmungen und die Einspeicherung und Verbreitung in elektronischen Systemen.

Cover: pixabay.com
Fotos: colourbox.de, Seiten: 168/169 und 177: shutterstock.com
Einband, Satz, Repro, Typografie: Catharina Ende, Leipzig
Druck und Bindung: UAB BALTO print, Litauen
Printed in European Union

1. Auflage 2023
ISBN 978-3-89798-659-6

Inhaltsverzeichnis

Vorwort 8

Dating per Internet – Vorurteile und Fakten 10
Online-Dating – Lieber nicht! 12
    Wer es sonst nicht schafft … 13
    Das Internet ist voller Betrüger 14
    Internet und Romantik schließen sich aus 15
Online-Dating – vielleicht doch? 16
    Online sucht man gezielt 16
    Keine regionale Beschränkung 18
    Online ist ideal für Schüchterne 18
    Erst mal in Ruhe kennenlernen … 20
    Und noch ein paar Zahlen 20
Lernen Sie Ihre eigenen Bedürfnisse kennen 22
Ein Partner gegen die Einsamkeit 25

Die unterschiedlichen Angebote – Was passt zu wem? 28
Singlebörse, Dating-App oder Partnervermittlung? 31
So viele Angebote – Tipps für die Auswahl 33
    Singlebörsen 35
    Dating-Apps 39
    Partnervermittlungen 45
    Und sonst noch? Spezielle Dating-Seiten 52
    Dies und das – sehr spezielle Dating-Seiten 53
    Chancen auf Erfolg? 53
    Gratis versus kostenpflichtig 56
Partnersuche mit »Hindernissen« … 60
    Partnersuche ab 50 60
    Partnersuche für Alleinerziehende 64

Das eigene Profil erstellen — 66
Der Username — 70
Das Profilbild — 71
    Das Hauptfoto — 72
    Bilder für die Galerie — 78
Der Profiltext — 80
    Wie bin ich denn bloß? — 91
    Alles andere als unwichtig: die Rechtschreibung — 92
    Aktualisieren Sie! — 95
    Gut zu wissen – die besten Zeiten — 96
    Sapiosexuell — 97

Die Kontaktaufnahme — 100
Die erste Nachricht — 103
    So kann es funktionieren: — 104
    So wird das nichts — 108
    Wenn keiner antwortet — 110
So geht's erst einmal weiter — 112
    Nachrichten per Dating-Plattform austauschen — 112
    Weiter über WhatsApp und Co. — 112
    Telefonieren — 113
    Alles ein großer Irrtum — 114
    Videodate — 114

Das erste Date — 118
Ein merkwürdiges Gefühl — 122
Was sagt man bloß? — 123
    So funktioniert es — 124
    Und so nicht — 128
    Wenn Ihnen die Gesprächsthemen ausgehen — 129
Und zum Schluss — 130
    Und wie geht es jetzt weiter? — 131
    Schüchtern? — 132
Und … abmelden! — 134

Leider doch nichts – die Absage 136
Wenn Sie einen Korb bekommen … 138
Absage bekommen – und nun? 140
Hätte ich es merken müssen? 141
Selber eine Absage erteilen 142

Unfaire Spiele 144
Benching 146
    Breadcrumbing 149
Ghosting 150
    Hyping 154
    Haunting 156

Einige Fragen an den Experten 158
Sicherheit bei der Partnersuche im Netz 168
    Welche Informationen sollte man nicht preisgeben? 170
    Angaben, die Sie getrost machen können 173
Wie erkenne ich seriöse Seiten? 174
Fake-Profile 178
    »Fake« hat mehrere Gesichter 180
    Was tun, wenn Sie Zweifel haben? 183
Wie hältst du's mit dem Geld, liebes Portal? 184
    Widerrufen können Sie immer 185
    Fehlende Kündigung und Vertragsverlängerung? 187
    Leistungen »zur Verbesserung der Vermittlungschancen«? 189
Gewappnet vor Betrügereien 190
    Scammer 190
    Lügen und Schwindeleien 196

Anhang 202
Glossar der Fachbegriffe 202
Kürzel der Chatsprache 207

Vorwort

Manche kennen sich gut darin aus, einige sind bereits fündig geworden, andere würden gern zögern aber noch, zu groß sind die Vorbehalte, zu ungenau das Wissen darüber, wie es genau funktioniert. Die Rede ist vom Online-Dating.

Dieses Buch richtet sich an alle, die noch nicht am Ziel ihrer Partnersuche angekommen sind. Sei es, weil sie es bei ihrer Suche in den Online-Partnerbörsen, ohne es zu wissen, falsch angestellt haben, sei es, weil sie diesen Schritt bisher noch gar nicht gewagt oder die Richtige oder den Richtigen im analogen Leben aber auch noch nicht gefunden haben.

Ihnen allen möchten wir Orientierung im Dschungel der Partnerbörsen des Internets geben. Wir informieren Sie über die vielfältigen Möglichkeiten und Angebote, wir begleiten Sie bei Ihren ersten Schritten und helfen Ihnen dabei, ein ansprechendes Profil anzulegen. Anschließend finden Sie in diesem Buch Tipps von der Kontaktaufnahme über den Videochat bis hin zum ersten Date.

Und wir lassen Fachleute zu Wort kommen: Wir haben Christian Thiel, einen von Deutschlands führenden Single Coaches und noch dazu den »Dienstältesten« in diesem Bereich, für unser Buch gewinnen können. Er schreibt seit Jahren Kolumnen zum Thema Partnerschaft in der Zeitschrift »Die Welt«, hat mehrere Bücher veröffentlicht und produziert zudem gemeinsam mit der Paarberaterin Anna Peinelt den Podcast »Die Sache mit der Liebe«. Vor allem aber blickt er auf mehr als zwanzig Jahre Erfahrung zurück. Jahre, in denen er Singles bei ihrer Suche nach einem Partner beraten und ihnen Wege aus dem ungewollten Alleinsein gewiesen hat. In einem Exklusivinterview erklärt der Singleberater, wie man es seiner Erfahrung nach anstellen muss, wenn man bei der Partnersuche im Internet Erfolg haben möchte.

Aber auch rechtliche Aspekte dürfen beim Online-Dating nicht außer Acht gelassen werden. Deshalb informiert im letzten Kapitel der Buchautor und Jurist Alexander Rudow über Verträge, Widerrufsrechte und alles andere, was man sonst noch wissen sollte, wenn man sich für die Mitgliedschaft in einer Partnerbörse entscheidet. Und er zeigt auf, wo die Risiken bei der Suche nach der Liebe im Netz lauern.

Ausgestattet mit diesem Wissen wird das Online-Dating für Sie weder weiterhin ein Buch mit sieben Siegeln sein, noch müssen Sie aus Furcht vor Betrug die Finger davon lassen. Sie können sich stattdessen ganz entspannt dort auf Partnersuche begeben, wo Sie die meisten Singles finden werden und ganz sicher auch den Menschen, der genau zu Ihnen passt.

Bevor wir nun in die Thematik einsteigen, noch eine Anmerkung in Sachen Gendern: Uns ist bewusst, dass nicht nur Männer eine Partnerin, sondern auch Frauen einen Partner beziehungsweise Männer einen Partner und Frauen eine Partnerin suchen. Würden wir in unseren Ausführungen allerdings immer beide Geschlechter einschließlich Partnerwunsch in allen Spielarten nennen, wäre das zwar politisch sehr korrekt. Aber es würde gleichzeitig den Lesefluss deutlich erschweren. Deshalb verwenden wir meistens die männliche, manchmal die weibliche und manchmal tatsächlich beide Varianten. Auf das Gendersternchen verzichten wir ganz. Wir möchten damit niemanden ausschließen oder gar diskriminieren. Dieses Vorgehen ist ausschließlich der besseren Lesbarkeit geschuldet.

Dating per Internet – Vorurteile und Fakten

Partnersuche im Netz ist furchtbar, weil ...
... das Internet voller Betrüger ist.
... hier nur sucht, wer sonst niemanden findet.
... die Partnersuche im Netz unromantisch ist.

Sie suchen einen Partner. Vielleicht schon seit Langem, vielleicht ist der Wunsch, Ihr Leben (wieder) mit einem anderen Menschen zu teilen, aber auch noch ganz frisch. Und: Sie schließen es zumindest nicht völlig aus, Ihren Wunschpartner im Internet zu finden. Logisch. Wäre es anders, hätten Sie dieses Buch hier gar nicht aufgeschlagen.

Andererseits gibt es da aber auch noch jede Menge Vorbehalte: Ist das Internet wirklich der richtige Ort für die Partnersuche? Treiben sich da nicht lauter obskure Gestalten herum? Übriggebliebene, Betrüger, Menschen auf der Jagd nach dem schnellen Sex?

Online-Dating – Lieber nicht!

Lassen Sie uns raten: Sie gehören zu den Vorsichtigen, denen das Dating via Online-Partnerbörse noch nicht ganz geheuer ist. Denn hätten Sie Ihre Finger bereits auf der Computer- oder Handytastatur, weil's endlich losgehen soll, dann wären Sie vermutlich nicht mehr bei diesem Buch, sondern würden sich längst bei Tinder, Parship und Co. mit den Anwendungen vertraut machen. Aber wir können Sie beruhigen. Mit Ihren Vorbehalten gegen das Daten im Netz sind Sie nicht allein. Im Gegenteil.

Darum machen den Auftakt zu unserem Leitfaden auch die gängigen Vorurteile gegenüber dem Dating im Netz.

Wer es sonst nicht schafft ...

... einen Partner/eine Partnerin zu finden, der/die geht ins Netz.

Das ist wohl das am weitesten verbreitete Vorurteil gegenüber Online-Partnerbörsen. Auf den ersten Blick scheint das ja auch logisch zu sein. Ob im Supermarkt, im Theater, beim Sport oder in der Bar, wir sind umgeben von anderen Menschen. Da kann es doch keine Hexerei sein, die/den Richtige(n) zu finden. Jedem gelingt das, außer – den ganz Einsamen. Oder, schlimmer noch, den Übriggebliebenen, denen mit völlig beziehungsinkompatiblen Macken. Online sucht also nur, wer sonst keinen Erfolg hat. Die reinste Restpostenverwertung.

Tatsächlich? Wie oft ist es bereits vorgekommen, dass Sie an der Supermarktkasse ein wirklich interessantes Gespräch gestartet haben? Wie oft hat schon an der Kreuzung im Auto genau neben Ihrem Mr. Wonderful darauf gewartet, dass Sie Ihr Fenster herunterkurbeln, damit er Ihnen schnell seine Visitenkarte herüberreichen kann? Oder wer weiß, vielleicht hat er dort ja sogar gesessen. Nur haben Sie das nie erfahren, weil zwischen Ihnen und Ihrem Traummann eben zwei Autotüren, ein Meter Abstand und zwei GESCHLOSSENE Fenster waren. Auch im Restaurant kann der Mann/die Frau Ihrer Wahl direkt zwei Tische entfernt sitzen und sich mit Freunden den Abend vertreiben. Nur wissen Sie davon nichts. Und der/die andere zwei Tische entfernt weiß eben auch nichts von Ihnen.

In der Realität sieht es doch spätestens ab dem Eintritt ins Berufsleben eher so aus, dass man aufsteht, zur Arbeit geht, dort tagtäglich mit immer denselben Menschen zusammentrifft, und am Abend höchstens ab und zu mit Freunden ausgeht, die man schon seit Jahren kennt. So etwas ist kein armseliges Sozialleben. Es ist der ganz normale Alltag.

Das Internet ist voller Betrüger

Von ihnen hört man immer wieder: obskuren Typen, die nur darauf aus sind, die Sehnsucht anderer auszunutzen. Und ... zack! ist man mehrere tausend Euro ärmer, aber von der Liebe ... keine Spur.

Es stimmt. Von solchen Menschen liest man häufiger, meist in Tageszeitungen. Im selben Artikel wird außerdem auch von Männern oder Frauen berichtet, die naiv genug sind, einem ihnen unbekannten Chat-Partner im Laufe von meist mehreren Monaten fünfstellige Summen zu überweisen, weil der oder die unverschuldet in Not geraten ist und sich nicht einmal mehr ein Flugticket leisten kann. Oder weil eine Horde gedungener Killer Jagd auf ihn macht. Rettung nur gegen Geld, und zwar viel Geld, und das pronto! Vorher wird es leider nichts mit dem ersehnten Treffen.

Zu solchen Zahlungen wird aber niemand gezwungen. Vielmehr sollten alle Alarmglocken anschlagen, wenn erst Liebe versprochen und dann Geld gefordert wird (mehr zu diesem Thema im Kapitel über die Sicherheit im Netz, ab S. 168). Außerdem garantiert einem niemand, dass der höchst analoge, attraktive Mann mit dem wunderbaren Lächeln in der Bar nicht auch nur auf Betrug aus ist.

Internet und Romantik schließen sich aus

Das stimmt natürlich. Die Partnersuche im Netz ist zunächst mal nicht besonders kuschelig oder sexy. Eher schon ein bisschen wie die Suche nach dem richtigen Pullover. Um den zu finden, gibt man Kleidergröße, Wunschfarbe und -material ein, vielleicht auch noch die Schnittform. Und der Online-Shop sucht mögliche Angebote heraus. Das hat aber auch Vorteile: Sie müssen nicht von Geschäft zu Geschäft laufen, um festzustellen, dass fast niemand Ihre Lieblingsfarbe führt oder dass aktuell fast nur Modelle in Baumwolle verfügbar sind. Sie suchen aber ein Modell aus Wolle. Die Verkäuferin ist sich sicher, dass es auch die gibt, nur gerade jetzt nicht gerade hier in diesem Geschäft. Ohnehin habe man heute nur noch eine kleine Auswahl lagernd, das weit größere Angebot gäbe es im Onlineshop. Das hätten Sie auch schneller haben können.

Nicht zu vergessen: Auch wenn wir einen Menschen »analog« kennenlernen, vielleicht auf einem Fest bei Freunden, dann prüfen wir, ob er zu uns passen könnte. Nur geschieht das eben nicht, indem wir unsere Körpergröße, Gewicht und unsere Interessen ins Profil einer Dating-Plattform tippen, sondern die Überprüfung der entscheidenden Parameter nimmt unser Gehirn automatisch vor.

»Überprüfung« und »Parameter« klingen sehr technisch, finden Sie? Genau. Unser Gehirn funktioniert da auch nicht so viel anders als ein Algorithmus. Wir sind uns dessen nur nicht sofort bewusst. Und nicht zuletzt steht ja vorm Beginn einer Partnerschaft, die via Dating-Plattform vermittelt wird, auch noch das persönliche Kennenlernen. Und da springt dann der Funke entweder über oder nicht, ganz so wie bei der Begegnung auf einem Fest.

Online-Dating – vielleicht doch?

Zugegeben, der Vergleich zwischen Pulloverkauf und Partnersuche senkt Letztere erst einmal auf ein ziemlich pragmatisches Niveau ab. Von kribbelnder Verliebtheit keine Spur. Andererseits: Wie frustrierend ist es, Abend für Abend zu irgendwelchen Single-Treffs zu gehen, um dann festzustellen, dass dort niemand ist, der Ihnen gefällt? Und Sie möchten vermutlich nicht den Sportverein oder den Chor so lange wechseln, bis Ihnen beim Training oder bei der Probe endlich der passende Partner über den Weg läuft?

Online sucht man gezielt

Sie wünschen sich einen Mann zwischen 40 und 50, Nichtraucher und Klassik-Liebhaber? Klassik aber auch nicht durch alle Epochen, sondern am liebsten Mozart und Haydn? Hunde sollte der Partner Ihrer Wahl auch mögen, auf alle Fälle keine Allergie gegen Hundehaare haben? Und er sollte größer sein als Sie. Dann schauen Sie sich doch mal in Ihrem unmittelbaren Umfeld nach genau so einem Mann um. Vielleicht gibt es ihn, aber Sie sollten lieber nicht damit rechnen, dass er sich einen Zettel angeheftet hat und dort sämtliche Ihrer Suchkriterien als seine typischen Merkmale aufgelistet mit sich herumträgt. Außerdem wird vermutlich kein grünes Lichtchen blinken, das aller Welt kundtut, er sei gerade frei und auf Partnersuche.

Anders kann das dagegen in all den Partnerbörsen aussehen, die auf detaillierte Profile ihrer Mitglieder setzen. Das ist einer der unschlagbaren Vorteile des Online-Datings: Mann oder Frau können sich hier auf die Suche nach genau dem Partner bzw. der Partnerin ihrer Wahl machen. Mag sein, dass die Übereinstimmung der Interessen nicht bei 100 Prozent liegt, als Suchende/r haben Sie jedoch die Möglichkeit, nach der größtmöglichen Schnittmenge Ausschau zu halten.

Besonders dann, wenn die eigenen Interessen eher ungewöhnlich sind, hat man online die weit größeren Chancen, einen Menschen zu finden, der sie teilt.

Haben Sie nicht vielleicht doch etwas zu hohe Ansprüche an einen neuen Partner? Je genauer Ihre Vorstellungen von dem Menschen sind, mit dem Sie Ihr Leben verbringen möchten, umso detaillierter werden natürlich auch die Ansprüche. Und, sicher, wer zu viel erwartet, wer zu wählerisch ist, für den bleibt wohl wirklich nur der perfekte Maschinenmensch. Der ist zwar etwas seelenlos, kann aber bei geschickter Programmierung alle Kriterien erfüllen ...

Allerdings ist es auch so, dass wir, je älter wir werden, umso genauer wissen, wie wir ticken, was wir beim anderen tolerieren können und womit wir Probleme haben. Wenn die Vorstellungen vom »Richtigen« in einem vernünftigen Rahmen bleiben und wenn man sich darüber im Klaren ist, dass zu einer Partnerschaft immer auch Kompromisse und Zugeständnisse gehören, dann spricht nichts dagegen, zielgerichtet nach jemandem zu suchen, der wirklich zu uns passt. Dann geht es nicht mehr um überhöhte, sondern um realistische Vorstellungen – bei denen die Online-Partnersuche wertvolle Dienste tun kann.

Keine regionale Beschränkung

Natürlich ist es auch online möglich, sich nur nach einem Partner in der Nähe umzusehen. Wem die Distanz aber nicht so wichtig oder wem sie vielleicht sogar ganz lieb ist, weil man den persönlichen Freiraum auf diese Weise bewahren kann, der/die kann sich auf diesem Weg von München aus eine Liebe in Kiel suchen oder umgekehrt. Zumindest ist man im Netz nicht darauf angewiesen, dass der Mann der Wahl zufällig im selben Stadtviertel lebt und einem dort auch noch genauso zufällig über den Weg läuft.

Die Online-Suche ist ideal für Schüchterne

Nicht jeder traut sich zu, einfach so auf einen Unbekannten zuzugehen. Was, wenn der/die mich hässlich findet? Oder dumm? Oder langweilig? Oder alles zusammen? Und das Gespräch nur aus lauter Höflichkeit nicht abbricht? Sofern man überhaupt bis zu diesem Punkt gekommen ist und sich nicht nur wortlos angeschaut hat, am besten immer in genau dem Moment, in dem der/die andere auch ganz sicher nichts davon bemerken konnte.

Wer mit Schüchternheit oder großer Unsicherheit kämpft, hat es im analogen Leben meist schwer, überhaupt Kontakt zu anderen aufzunehmen. Was die Partnersuche nicht gerade einfacher macht. Ob man nun bereits im Gespräch ist oder den ersten Schritt auf einen anderen Menschen zu gar nicht erst wagt, die Selbstzweifel feiern immer kleine Partys: Das Make-up ist bestimmt total missraten, wahrscheinlich stehen die Haare ab und dann bemerkt der/die andere sicher, dass man die ganze Zeit nervös mit dem Fuß wippt, während man doch so gern total entspannt wirken würde.

Das Internet macht es hier etwas einfacher: Zunächst einmal legt man sein Profil in Partnerbörsen meist nicht unter dem Realnamen an, sondern wählt ein Pseudonym. Das heißt: Selbst wenn niemand auf das Profil reagieren sollte, hat man im Leben »da draußen« immer noch sein Gesicht gewahrt. Vielen fällt es schon durch den Schutz dieses fingierten Namens leichter, sich zu öffnen, auf andere zuzugehen und von sich zu erzählen. Denn der Rückzug wäre rein theoretisch immer möglich. Und sollte sich der Gesprächspartner selber eines Tages zurückziehen oder auf die Zuschrift gar nicht erst antworten, dann hält sich der Schaden am eigenen Ego auch in Grenzen. Online-Partnerbörsen gewähren also immer auch einen gewissen Schutz. Solange der Kontakt nur virtuell ist, erfährt auch niemand aus dem eigenen Umfeld von möglichen Ablehnungen oder Blamagen.

Hinzu kommt, dass man sich beim Schreiben Zeit lassen kann. Spontaneität, wie sie gerade den besonders Schüchternen oft fehlt, ist hier nicht wichtig. Man kann seine Worte in Ruhe abwägen, kann schreiben, löschen, ändern, ehe man eine Nachricht abschickt. Man könnte sogar ganz offen zugeben, dass man gerade etwas unsicher ist. Der/die andere ist es vielleicht auch oder hat zumindest Verständnis.

Natürlich sollte man für ein gutes Profil auch Bilder von sich einstellen. Aber wenn jemand aufgrund der Bilder erst gar kein Interesse zeigt, dann merkt man es nicht, denn man wird einfach nicht kontaktiert. Und schreibt man selber, dann ist man, wie gesagt, durch die Anonymität vor dem schlimmsten Gefühl der direkten Ablehnung geschützt. Vis-à-vis schmerzt es definitiv mehr als virtuell.

Erst mal in Ruhe kennenlernen ...

... und dann treffen. Sie möchten den Mann/die Frau vor dem persönlichen Treffen so gut wie möglich kennenlernen, ehe Sie sich das erste Mal im realen Leben begegnen? Auch dazu hat man online natürlich die Möglichkeit. Vor allem kann man hier auch Ausschau halten nach jemandem, der das in derselben Weise handhaben möchte. Man kann mit verschiedenen Menschen Kontakt aufnehmen und erst einmal ausloten, wen zu treffen sich wirklich lohnen würde. Natürlich erspart das nicht die Enttäuschung, dass es am Ende vielleicht doch nicht zwischen Ihnen funkt. Aber es reduziert die Wahrscheinlichkeit zumindest ein bisschen. Und: Diejenigen, die es nicht eilig haben, treffen auch auf diejenigen, die es genauso wenig eilig haben. Das beugt Missklängen vor (siehe zu diesem Thema aber auch das Interview mit Christian Thiel ab S. 160). Er vertritt in dieser Frage einen gänzlich anderen Standpunkt).

Und noch ein paar Zahlen

Sie stehen dem Online-Dating noch immer etwas skeptisch gegenüber? Dann haben wir hier noch ein paar Angaben des Online-Portals »Statista« aus dem Jahr 2022:

- Nach wie vor rangiert beim Kennenlernen zwar der Freundeskreis auf Platz eins. Gleich an zweiter Stelle folgt allerdings das Internet mit seinen zahlreichen Möglichkeiten. Erst danach kommen Disco, Bar oder Partys an die Reihe.

- Man geht davon aus, dass bis zum Jahr 2024 rund 1,5 Millionen Menschen in Deutschland ihren Partner via Online-Vermittlung suchen werden.

- 28 Prozent der Deutschen sind nach eigener Aussage schon auf Online-Portalen aktiv gewesen.

- Ungefähr die Hälfte der Nutzer haben auf diesem Weg bereits einen festen Partner oder einen erotischen Kontakt gefunden.

> **HALT! STOPP!** Ein erotisches Abenteuer suchen Sie nun beim besten Willen nicht! Keine Sorge, in unserem Buch beschäftigen wir uns mit jenen Online-Börsen, die tatsächlich Partnerschaften vermitteln. Natürlich gibt es diverse Portale, die in erster Linie der Suche nach einem Abenteuer dienen, sei es ein Flirt, ein Seitensprung oder ganz einfach schneller, unverbindlicher Sex.

Im folgenden Kapitel widmen wir uns den unterschiedlichen Dating-börsen bei denen Sie hoffentlich auf der Suche nach einem/r neuen Lebenspartner/in fündig werden.

Wer online einen Partner sucht, der ...
... kann gezielt den Richtigen finden.
... ist nicht auf die eigene Region beschränkt.
... kann die eigene Schüchternheit leichter überwinden.
... kann sich bei Bedarf Zeit lassen.

Lernen Sie Ihre eigenen Bedürfnisse kennen

Wissen Sie eigentlich, welche Art Beziehung Sie suchen? Nicht jedem, der sich eine Partnerschaft wünscht, geht es um die große, dauerhafte Liebe. Manche suchen nur nach einer kurzen Beziehung, manche sogar lediglich einen Urlaubsflirt. Andere wiederum lassen es auf sich zukommen. Für den Anfang genügt ihnen eine unverbindliche Zeit zu zweit, wird mehr daraus, ist das auch gut.

Für diejenigen, die sich noch nicht unbedingt dauerhaft binden wollen, empfehlen sich eher die Singlebörsen oder die Dating-Apps (zu den unterschiedlichen Angeboten siehe das nächste Kapitel). Zwar kann man sich auch hier auf die Suche nach dem Partner fürs Leben machen, die Erfahrung zeigt allerdings, dass beide Plattform-Versionen eher von all jenen genutzt werden, die sich vor allem nach einem unverbindlichen Flirt (eventuell mit Option für die Dauer) umschauen.

Wer sich bereits von Anfang an sicher ist, dass er nicht fürs Unverbindliche geschaffen ist oder diese Phase endgültig hinter sich lassen möchte, ist bei einer Partnervermittlung besser aufgehoben.

Wichtig ist nur, dass man weiß, was für eine Art Beziehung man sucht.

Und genauso wichtig beziehungsweise fair ist es, das spätestens bei der Kontaktaufnahme dem oder der anderen auch ehrlich zu sagen.

Ebenso wichtig ist es aber auch, dass Sie sich darüber im Klaren sind, ob Ihr künftiger Partner/Ihre Partnerin bestimmte Voraussetzungen unbedingt erfüllen muss. Dazu gehören so vermeintlich banale Fra-

Schon gewusst?

Interessantes ...

Einer Statista-Umfrage aus dem Jahr 2022 zufolge hat jede/r Dritte schon einmal online nach einem Partner/einer Partnerin gesucht. Am häufigsten vertreten war dabei die Altersgruppe zwischen 30 und 49 Jahren.

Auch auf einer Statista-Umfrage (2022) beruht die Erkenntnis, dass 70 Prozent aller Deutschen an Liebe auf den ersten Blick glauben. Und dabei ist es gleichgültig, ob der oder die andere uns gegenübersitzt oder wir zuerst einmal nur ein Foto zu sehen bekommen.

Für 74 Prozent aller Suchenden sind gemeinsame Werte und Weltanschauungen besonders wichtig, gefolgt (ohne Prozentangaben) von gemeinsamen Interessen und einem ähnlichen Humor. Das ergab eine Umfrage unter Mitgliedern der Plattform LemonSwan. (Beruhigend zu wissen für alle, die mit ihrem Profilfoto hadern.)

Wer online sucht, will nur Sex? Irrtum. 39 Prozent suchen nach einer festen Beziehung, 38 Prozent wünschen sich sogar einen Partner, mit dem sie gemeinsam alt werden können. Und nur 5 Prozent (bei Frauen ist der Anteil noch geringer) geht es tatsächlich um eine kurze Affäre.

Dazu passt, dass für die Mehrheit der Singles, die über eine Online-Plattform suchen, Sicherheit, Datenschutz und Seriosität einen hohen Stellenwert einnehmen.

... und Unterhaltsames

Die unbescheidensten Singles leben einer LemonSwan-Analyse zufolge in Hamburg! Vergleicht man die Angaben quer durch ganz Deutschland, dann bezeichnen sich hier die meisten Singles als »attraktiv«. Die bescheidensten Menschen sind dagegen in Leipzig auf Partnersuche, hier hält die Mehrheit ihr Äußeres für »normal«.

Ganz anders sieht es dagegen in Leipzig mit dem Mut der Frauen aus. In diesem Punkt liegt die Stadt klar in Führung, wenn es darum geht, als Frau zuerst einen Mann anzuschreiben. Das Schlusslicht bildet hier Dortmund.

Sind Sie zufällig Arzt oder Ärztin? Dann haben Sie Glück. Denn dieser Beruf zählt unter den Partnersuchenden immer noch zu den attraktivsten. Gleich gefolgt von Handwerkern bzw. Handwerkerinnen. An dritter Stelle folgt (aus Sicht der Männer) die Polizistin, gefragt sind auch Bankerinnen, Flugbegleiterinnen und Juristinnen. Die Frauen ihrerseits bevorzugen Geschäftsführer, Psychologen, Journalisten und Polizisten. Pech (unter anderem) für alle Lehrer und Künstler.

gen wie die nach einer Tierhaarallergie. Wenn Sie selbst Tierhaarallergiker/in sind, passt jemand mit einem privaten Kleintierzoo eher schlecht zu Ihnen. Umgekehrt sollten Sie als passionierte Hundehalterin auch nicht unbedingt Kontakt aufnehmen zu einem Mann mit erklärter Abneigung gegen Hunde. Und so könnte man diese Liste noch lange fortsetzen: Wer seine Wochenenden am liebsten mit Bergsteigen verbringt und Übernachtungen in abgelegenen Wanderhütten mit Strohlager klasse findet, ist bei einer Frau, der Entspannen auf dem Sofa über alles geht und die Hotels erst ab vier Sternen in die engere Auswahl zieht, an der denkbar falschen Adresse.

Menschen, die gern jede freie Minute mit dem Partner verbringen möchten, sollten sich nicht ausgerechnet an jemanden halten, der/die großen Wert auf persönlichen Freiraum legt.

Und noch ein paar Fragen sollten Sie sich vor Beginn Ihrer Partnersuche beantworten:

- Spielt das Alter des Partners eine entscheidende Rolle?

- Ist es wichtig, dass Ihr künftiger Partner in derselben Stadt lebt wie Sie?

- Möchten Sie Kinder?

- Hätten Sie ein Problem damit, wenn der Partner/die Partnerin bereits Kinder in die Beziehung mitbringt?

- Nicht ganz unwichtig fürs eventuelle spätere Zusammenleben: Sollte Ihr Partner Vegetarier oder Veganer sein?

- Hätten Sie Schwierigkeiten damit, wenn Ihr Partner unregelmäßige Arbeitszeiten hat oder häufig wegfahren muss?

- Suchen Sie einen Familienmenschen oder jemanden, dem Beruf und Freiheit über alles gehen?

Und das sind nur ein paar der Fragen, die Sie sich vorher stellen sollten, wenn Sie nicht (wieder) beim Falschen landen möchten. Gleichzeitig dürfen Sie den Rahmen natürlich auch nicht zu eng stecken. Den 35-jährigen, 1,80 Meter großen veganen Lehrer für Altgriechisch mit blonden Haaren und stahlblauen Augen zu finden, könnte der berühmten Suche nach der Nadel im Heuhaufen gleichkommen. In den wesentlichen Punkten sollten Sie aber vorher genau wissen, wen Sie suchen und sich genauso sicher sein, wer auf keinen Fall in Ihr Muster passt. Das beugt späteren Enttäuschungen vor.

Ein Partner gegen die Einsamkeit

Das Thema ist schwierig und durchaus komplex. Denn einerseits ist es eine Tatsache, dass nicht jeder Mensch für das Alleinsein geschaffen ist. Die meisten Menschen haben gern einen Partner (und wer keinen haben möchte, wird vermutlich nicht gerade in dieses Buch hineinschauen). Und es ist auch bekannt, dass sich viele Menschen gerade in Momenten, in denen sie sich besonders allein fühlen, nach einem Partner sehnen.

Aber ist es sinnvoll, mitten im schlimmsten Gefühl der Einsamkeit auf Partnersuche zu gehen? Hilft ein neuer Partner gegen diese Einsamkeit überhaupt? Sehr ausführlich können wir uns dem Problem der Einsamkeit in diesem Buch leider nicht widmen. Denn die Ursachen dafür liegen oft viel tiefer als in der simplen Tatsache, dass man gerade Single ist. Nebenbei: Allein zu sein und sich einsam zu fühlen, sind zwei völlig unterschiedliche Dinge. Manche Menschen fühlen sich auch über Jahre hin mit sich allein ausgesprochen wohl, andere sitzen bei einer Familienfeier inmitten von Menschen, die sie lieben und von denen sie sich geliebt fühlen, und sind dennoch einsam.

> Wenn Sie sich beim Stichwort **Einsamkeit** sofort angesprochen fühlen und diese Einsamkeit große Probleme bis hin zu depressiven Gefühlen bei Ihnen auslöst, sollten Sie sich vor der Suche nach einem Partner eventuell an einen Psychotherapeuten wenden. Möglicherweise liegen Ihre Probleme wesentlich tiefer, als Sie vermuten. Eine Partnerschaft als Therapie der Wahl gegen die Einsamkeit kann ziemlich schiefgehen, schon deshalb, weil man den neuen Partner in so einem Fall schnell vereinnahmt und ihn gleichzeitig hoffnungslos überfordert.

Hier aber schon einmal ein paar Tipps, was Sie bei Einsamkeit noch vor der Partnersuche unternehmen sollten:

- Zuallererst: Versuchen Sie, auch allein Lebensfreude zu entwickeln.

  - Treffen Sie sich mit guten Freunden oder der Familie, eben mit Menschen, denen Sie und die Ihnen etwas bedeuten.

  - Gehen Sie aus: ins Theater, ins Kino, zum Sport. Pflegen Sie Ihre Hobbys. Das zaubert zwar keinen neuen Partner herbei, ist aber hundertmal besser als allein zu Hause die Wände anzustarren. Und wer weiß: Vielleicht findet sich der/die Richtige ja genau dort, wo Sie selber gern sind.

  - Lernen Sie, sich selber zu lieben. Das ersetzt zwar keinen Partner. Aber wenn man selber sich schon nicht richtig mag, wie soll es dann ein anderer können? Sehen Sie im Partner deshalb niemals die Rettung vor der mangelnden Selbstachtung. Sicher ist es schön, jemanden zu haben, der einem sagt, dass man hübsch, nett und klug, ganz einfach, dass man jemand ist, den ein anderer/eine andere gern um sich hat. Aber bis diese/r andere kommt, sollte man schon einmal selber anfangen, sich zu mögen.

- Aus diesem (neuen) Gefühl heraus können Sie sich nun viel besser auf die Partnersuche machen. Aber lassen Sie sich dafür Zeit. Suchen Sie die/den Richtige/n mit Ruhe und Bedacht. Wenn Sie sich auf den Erstbesten einlassen, weil der noch immer besser ist als gar keiner, wird die Beziehung sehr wahrscheinlich ein Reinfall. Was dann wieder dem Selbstwert schadet.

Und nicht zuletzt an dieser Stelle eine Warnung: Menschen, die allzu dringlich nach einem Partner suchen, geraten am ehesten in die Fänge der sogenannten Love-Scammer. Sie sind dankbare Opfer für Betrüger (mehr zur Sicherheit im Netz ab S. 168).

Die unterschiedlichen Angebote – Was passt zu wem?

Das ist eine gute Frage. Und es ist vor allem eine sehr wichtige Frage. Denn insgesamt gibt es mittlerweile mehr als 2500 Dating-Portale. Aber nicht alle richten sich an dieselbe Klientel mit demselben Interesse. Deshalb hier erst einmal eine kurze Einführung in die ziemlich bunte Welt des Online-Datings.

Der wichtigste Unterschied besteht vor allem zwischen all jenen Angeboten, die – zum Teil ausschließlich, zum Teil unter anderem – wirkliche Partnerschaften vermitteln wollen, und den Seiten, auf denen sich Menschen zum Sex, und zwar NUR zum Sex verabreden. Bei letzterem Anliegen spricht man vom »Casual-Dating«. Da geht es ausschließlich um Erotik in all ihren Spielarten, von der Möglichkeit zu einer diskreten Affäre über einen Urlaubsflirt bis hin zu den unterschiedlichsten Vorlieben vom Cam-Sex bis zu BDSM-Spielen. Gegen derlei Angebote ist nichts einzuwenden, da dieses Buch sich aber als Hilfestellung bei der Partnersuche im Internet versteht, lassen wir die Angebote zum Casual-Dating hier aus.

Zwischen einem rein erotischen Date und einer dauerhaften Beziehung gibt es natürlich noch eine Menge anderer Varianten. Wer die reinen Casual-Dating-Seiten bei seiner Suche auslässt, hat zumindest schon mal die Gruppe all derer aussortiert, die definitiv keine Beziehung wollen.

In vielen Singlebörsen ist aber dennoch alles möglich. Das heißt, dass man neben denjenigen, die nach einer dauerhaften Beziehung suchen, auch auf Menschen treffen kann, die sich lediglich nach einem Abenteuer, aber keiner ernsthaften Partnerschaft umsehen.

Was auf diesen Dating-Plattformen weiterhilft, ist: Offenheit. Wer keine Affäre, sondern einen neuen Partner finden möchte, sollte das dem/der anderen auch schreiben. So lassen sich Enttäuschungen am besten vermeiden. Wenn jetzt sofort wieder sämtliche Alarmglocken anschlagen: Vergessen Sie nicht, dass man auch bei einem ganz analogen ersten Kennenlernen (etwa auf einer Party) nie genau weiß, was der/die andere tatsächlich plant.

Und warum sollte man eigentlich davon ausgehen, dass im Netz vor allem fiese Erotomane auf der Lauer nach ihrem nächsten ahnungslosen Opfer liegen, um es nach der ersten gemeinsamen Nacht sofort wieder stehenzulassen? Dazu gibt es schon deshalb keinen Grund, weil das Internet genug Angebote für unverbindliche Dates bereithält.

Singlebörse, Dating-App oder Partnervermittlung?

Sicher haben Sie die drei Begriffe schon gehört und vielleicht haben Sie sich gefragt, worin sich diese Angebote denn voneinander unterscheiden. Beginnen wir aber mit dem, was die drei verbindet: In allen kann man neue Kontakte knüpfen und Ausschau nach potentiellen Partnern halten.

Einer der wesentlichen Unterschiede liegt in der Handhabung:

- In **Singlebörsen** (auch »Kontaktbörsen«) suchen Sie selber aktiv nach Menschen, die Sie gern kennenlernen möchten. Diese Option entspricht vielleicht am ehesten den Kontaktanzeigen aus Zeitungen: Man nimmt aufgrund des Anzeigentextes (Zeitung)/Online-Profils (Singlebörse) selber Kontakt zu denjenigen auf, die man besonders ansprechend findet. Fotos spielen dabei, je nach Anbieter, eine entscheidende Rolle.

- Bei der **Online-Partnervermittlung** sucht man dagegen nicht selber, sondern lässt sich Partner vorschlagen. Damit das gut funktionieren kann, muss man vorher meist einen umfangreichen Fragebogen zur eigenen Person ausfüllen. Die Fotos sind hier in der Regel erst sichtbar, wenn der vorgeschlagene Kontakt sie für den jeweils anderen freigibt. Wer sich bei einer Partnervermittlung anmeldet, sucht meist nach einer festen Beziehung.

- Und dann gibt es noch die sogenannten **Dating-Apps**. Sie ähneln den Singlebörsen insofern, als es hier nicht ausschließlich um die Suche nach dem neuen Lebenspartner gehen muss. Allerdings unterscheiden sie sich in ihrer Funktion von den Singlebörsen. Dating-Apps sind in erster Linie für die Nutzung auf dem Smartphone gedacht. Viele bieten aber inzwischen auch Versionen für den Desktop an. Das Prinzip besteht bei diesen Apps im Matching: Man wählt (meist nach Foto) einen Teilnehmer aus, und nur, wenn der die Auswahl bestätigt, hat man ein »Match«, kann einander schreiben und/oder sich verabreden.

Und jetzt stellt sich die große Frage: Wo fangen Sie an? Oder vielleicht etwas differenzierter, weil vermutlich niemand die Absicht hat, sich der Reihe nach durch diverse Börsen zu testen: Welches Angebot könnte am besten zu Ihnen passen?

Erinnern Sie sich noch an die Anzahl an Dating-Portalen? Etwas mehr als 2500 sind es aktuell. Da dieses Buch aber keine 10-bändige Enzyklopädie des Online-Datings ist, sondern vor allem zur ersten Orientierung dient, beschränken wir uns auf ein paar der bekanntesten Angebote, die wir Ihnen im folgenden Abschnitt etwas genauer vorstellen möchten.

Und noch eine Anmerkung im Voraus: Angaben zu den Preisen kostenpflichtiger Mitgliedschaften finden Sie in diesem Buch deshalb nicht, weil die sich im Laufe der Zeit ständig ändern und schon mit Erscheinen dieses Buches veraltet sein können. In den Abschnitten »Die Chancen auf Erfolg?« bzw. »Gratis versus kostenpflichtig« finden Sie aber Hinweise auf Internetportale, in denen Sie die aktuellen Kosten der unterschiedlichen Anbieter abrufen können.

So viele Angebote – Tipps für die Auswahl

Bei mehr als 2500 Angeboten kann die Auswahl des richtigen Portals zur Herausforderung werden. Deshalb unser erster Tipp: Lesen Sie sich im Folgenden zunächst einmal unsere Beschreibungen der drei verschiedenen Alternativen durch, möglicherweise werden Sie danach schon wissen, welche davon für Sie grundsätzlich in Frage käme und welche gar nicht zu Ihnen passt.

Aber auch wenn Sie eine erste Auswahl getroffen haben, sollten Sie sich noch nicht sofort festlegen. Gehen Sie stattdessen am besten folgendermaßen vor:

- Legen Sie eine eigene (möglichst kostenlose) E-Mail-Adresse nur fürs Online-Dating an. Die nutzen Sie für die Anmeldung in Partnerbörsen und am besten auch später, wenn Sie Ihre Kommunikation mit möglichen Partnern von der Börse in die E-Mail verlegen möchten. Ratsam ist es, dass diese E-Mail-Adresse nicht auf Ihren Vor- und Zunamen lautet.

- Und nun wählen Sie aus dem großen Angebot der Partnerbörsen, die für Sie in Frage kommen, ungefähr fünf aus. Melden Sie sich dort zunächst einmal **kostenlos** an. In das »Innere« vieler Portale können Sie nämlich erst nach einer Anmeldung sehen.

- **Wichtig:** In dieser Auswahlphase füllen Sie Ihr Profil noch nicht aus. Stellen Sie kein Bild von sich ein und füllen Sie nur die Felder Ihres Profils aus, ohne die auch eine kostenlose Registrierung nicht möglich ist.

- Nun schauen Sie sich in aller Ruhe so gut um, wie das kostenlose Angebot es zulässt. Sie werden schnell feststellen, welche Seiten Ihnen gut gefallen und wie Sie mit deren Handhabung zurechtkommen. Geben Sie schon einmal Ihre Stadt an, auf diese Weise können Sie bereits jetzt ausloten, wie viele und welche Singles Ihnen hier vorgeschlagen werden.

- Wenn Sie dann das für sich passende Portal gefunden haben, vervollständigen Sie Ihr Profil (wie man das macht, erfahren Sie ab S. 66).

Fertig. Sie sind jetzt startklar für Ihre Suche nach einem neuen Partner.

Singlebörsen

Da viele Singlebörsen in ihren Grundfunktionen kostenlos sind, melden sich hier auch viele Nutzer an. Und – leider – nicht wieder ab, wenn sie längst nicht mehr an einer Suche interessiert sind. Das bedeutet, dass man nicht frustriert sein sollte, wenn man jemanden anschreibt und der- oder diejenige nicht antwortet. Dann sind Sie vermutlich bei einer »Karteileiche« gelandet. Deshalb sollten Sie also ruhig aktiv auf mehrere Mitglieder zugehen und sich nicht nur auf einen einzelnen anderen Teilnehmer konzentrieren.

Für die Suche stehen Ihnen meist zahlreiche Funktionen und Filter zur Verfügung. Sie können Ihre Auswahl dabei nicht nur geographisch beschränken, sondern auch Alter, Bildungsabschluss, Größe oder Religion Ihres »Wunschpartners« eingrenzen. Sogar das Rauch- und Trinkverhalten lässt sich festlegen. Dieselben ausführlichen Angaben sollten Sie aber umgekehrt auch in Ihrem eigenen Profil machen.

In Singlebörsen gilt:

SIE MÜSSEN AUFFALLEN.

Gestalten Sie Ihr Profil so ausführlich und interessant wie möglich!

Gleichzeitig schon an dieser Stelle eine wichtige Warnung:

GEBEN SIE NIEMALS PRIVATE DATEN WIE ETWA IHRE TELEFONNUMMER IM PROFIL BEKANNT!
(Mehr zur Sicherheit im Netz ab S. 168)

LoveScout24

Diese Singlebörse gab es früher unter dem Namen »Friendscout24«. Sie zählt zu den ältesten und größten deutschen Singlebörsen. Neben detaillierten Angaben im Profil kann man hier auch ein Lebensmotto eintragen und sich selbst in maximal 5000 Anschlägen beschreiben (das entspricht etwas mehr als 2 Buchseiten, ist also wirklich ziemlich ausführlich). Darüber hinaus bietet die Börse 20 Flirtfragen. Es lohnt sich, sie auszufüllen. Um das volle Angebot nutzen zu können, muss man allerdings ein kostenpflichtiges Abonnement abschließen, aber auch die kostenlose Version eröffnet bereits eine Menge Möglichkeiten.

> www.Lovescout24.de
> (alternativ auch at. oder ch.)
>
> LoveScout gibt es auch in einer mobilen Version als App.
>
> Der Altersdurchschnitt der Männer liegt bei 38 Jahren, die Frauen sind im Durchschnitt 35 Jahre alt.
>
> Singles mit Kindern genauso wie auch Homosexuelle finden in dieser Börse eigene Rubriken.

LoveScout gibt es übrigens auch für Österreich und die Schweiz. Man kann hier jeweils nach Partnern in der eigenen Stadt Ausschau halten.

Der Umgangston bei LoveScout gilt im Allgemeinen als sehr niveauvoll und höflich. Auch die Erfolgsquote soll einer Analyse der Zeitschrift »Stern« aus dem Jahr 2023 zufolge recht hoch sein. Wer noch nie auf einer Dating-Plattform war, findet auf LoveScout zudem viele hilfreiche Tipps und Hinweise zum Online-Dating, aber auch zu der Frage, was man beim Schritt von der virtuellen in die analoge Welt und damit zu einem ersten Treffen bedenken sollte.

Ein »Nebeneffekt«, von dem viele Mitglieder berichten, besteht darin, dass sie hier nicht nur einen neuen Partner gefunden haben. Denn auch wenn man feststellt, dass die Gefühle für eine feste Beziehung von beiden Seiten nicht reichen, ergeben sich schon durch die gemeinsamen Interessen oft sehr wertvolle Freundschaften. LoveScout versteht sich insofern nicht nur als Partnerbörse, sondern auch als ein Online-Angebot gegen die Einsamkeit.

Neu.de

Nahezu identisch mit LoveScout ist dessen »kleiner Bruder«, die Online-Plattform »neu.de«. Beide gehören zur Meetic-Gruppe und haben im Jahr 2015 fusioniert. Das heißt, dass sie auch über denselben Datenpool an Mitgliedern verfügen. Die Unterschiede zwischen diesen beiden Börsen sind minimal, die Gestaltung der Homepage ist sogar identisch.

> www.neu.de
>
> Auch als App erhältlich

Zweisam.de

Ein drittes Mitglied der Meetic-Gruppe ist die Singlebörse »Zweisam.de«. Auch ihr Aufbau ähnelt der von LoveScout und Neu.de. Der Unterschied besteht hier allerdings in der Altersgruppe der Nutzer. Denn »Zweisam« ist gezielt für Menschen ab 50 Jahren gedacht. Diese Zahl mutet zwar ein bisschen willkürlich an, denn die wenigsten 50-Jährigen würden sich heute bereits zur Gruppe der »Älteren« rechnen. Andererseits fühlen sich Männer und Frauen ab fünfzig Jahren vielleicht unter lauter 30-Jährigen etwas deplatziert. Ein weiterer Aspekt, den man bei der Partnersuche nicht außer Acht lassen darf, ist die Familienplanung. Und die dürfte bei den meisten Menschen jenseits der Fünfzig weitgehend abgeschlossen sein.

> Auch »zweisam« gibt es in mobiler Version für Smartphone und iPhone.
>
> www.zweisam.de
> (auch für Österreich/at. und die Schweiz /ch.)
>
> Das Alter der Mitglieder beginnt hier ab 50 Jahre.

Finya

Die Singlebörse Finya wurde im Jahr 2001 in Hamburg gegründet, sie ist damit eine der ältesten und auch erprobtesten in der Branche. Ein besonderer Reiz dieser Plattform liegt darin, dass sie komplett kostenfrei ist und sich nur über Werbung finanziert. Nach eigener Angabe sind bei Finya inzwischen 7 Millionen Nutzer registriert, verteilt auf den ganzen deutschen Sprachraum. Die Dating-Plattform wurde in der Vergangenheit mehrfach prämiert (u. a. durch das Magazin »Focus«), sie gilt als seriös und qualitativ gut, was bei anderen kostenlosen Angeboten nicht immer der Fall ist.

Die Profile der Nutzer werden hier durch einen Algorithmus regelmäßig überprüft, wodurch unangenehme Teilnehmer aussortiert werden.

Auf Finya suchen die Mitglieder sowohl Flirts und Dates als auch dauerhafte Partnerschaften. Hier werden den Nutzern übrigens auch Partnervorschläge gemacht, die das Programm anhand der ausgefüllten Profile erstellt. Dabei beachtet der Algorithmus auch den Wohnort der User und die (im Profil) angegebenen Alterspräferenzen.

> www.finya.de
> (auch at. und ch.)
>
> Der Name »Finya« ist aus einem abstrakten Wortspiel zu »Find you« (findet euch) entstanden. Nicht zu verwechseln mit dem nordischen Mädchennamen »Finja«!
>
> Die Mitglieder auf Finya sind zwischen 30 und 40 Jahre alt, 45 Prozent von ihnen sind weiblich, 55 männlich.
>
> Seit 2022 gibt es auch Finya als mobile App.

Weitere Singlebörsen

www.Lablue
www.eDarling
www.Bildkontakte

Dating-Apps

Zwar verfügen inzwischen viele Singlebörsen auch über Online-Versionen, daneben gibt es aber auch noch die »klassischen« Dating-Apps. Sie gelten als die spielerischere, günstigere und im Vergleich zu Single- und Partnerbörsen als die abgespecktere Variante der Dating-Möglichkeiten.

Reine Dating-Apps funktionieren meist über das sogenannte Matchen: Die Mitglieder melden sich an und erhalten dann aufgrund ihres Alters und Wohnortes von der App Kontaktvorschläge. Je nachdem, ob der Vorschlag dem- oder derjenigen zusagt oder nicht, »swiped«, also wischt man in die eine oder andere Richtung. Gefallen Foto und Text nicht, dann erscheint sofort der nächste Vorschlag. Und wenn zwei Mitglieder einander sympathisch finden, also beide in dieselbe Richtung geswiped haben, dann hat man ein »Match« und kann mit dem Chat beginnen. Der dann natürlich in einer Verabredung münden kann.

Übrigens: Um einen Chat zu starten, muss man nicht seine private Telefonnummer oder andere persönliche Daten angeben.

Die meisten reinen Dating-Apps funktionieren vor allem nach dem eher oberflächlichen Prinzip des ansprechenden Bildes. Was natürlich dazu führt, dass einige Teilnehmer entweder gar nicht ihre eigenen Bilder verwenden oder besonders gelungene oder aufwendig bearbeitete Aufnahmen zeigen. Dating-Apps setzen auf den schönen Schein – mit allen Risiken, die der schon immer in sich getragen hat.

Wem es vor allem um Spaß geht, wer spielerisch schauen möchte, ob in der näheren Umgebung ein anderer auch gerade auf Flirt- oder

Partnersuche ist, der oder die ist bei einer Dating-App gut aufgehoben. Auch bei Dating-Apps gilt die Ehrlichkeit als Voraussetzung für ein faires Miteinander. Wer »nur« einen Flirt sucht, sollte das auch offen sagen. Dasselbe gilt natürlich für alle, die eine dauerhafte Partnerschaft anstreben.

Das Risiko dieser Apps, wenn man es denn so nennen möchte, besteht allerdings in der Vorstellung, dass zwei Swipes weiter vielleicht der/die noch Bessere wartet. Warum sich also zu schnell festlegen? Der Markt ist schließlich riesig. Menschen werden anhand ihrer Fotos bewertet und können auf diesem Weg durchaus zur Ware werden. Was aber auch zu einer üblen Enttäuschung werden kann, wenn man beim ersten Treffen feststellt, dass der so schön präsentierte und der tatsächliche Mensch offenbar zwei völlig verschiedene Wesen sind.

Tinder

www.tinder.com

Der Altersdurchschnitt der Mitglieder liegt zwischen 18 und 35 Jahren.

Tinder kann kostenlos genutzt werden, für erweiterte Funktionen braucht man allerdings ein Abo.

Sie ist die wahrscheinlich bekannteste Dating-App und sie hat es bereits zu einem eigenen Verb gebracht: Wer »tindert«, der sucht über die App mit der Wisch-Funktion nach einem Flirt oder einem neuen Partner.

Tinder gibt es seit dem Jahr 2012. Diese App kann tatsächlich auf eine Menge Kontaktanbahnungen verweisen: Insgesamt gab es seit dem Start weltweit mehr als 55 Milliarden Matches, allein die Tagesquote liegt – weltweit – bei 26 Millionen. Das klingt beeindruckend. Und ist es auch – vorausgesetzt, man schließt unverbindliche Dates oder gar rein erotische Treffen nicht aus. Auch Reisebekanntschaften und Urlaubsflirts suchen die Teilnehmer hier.

Tinder funktioniert auf Basis der Standortbestimmung, das heißt, es werden Matches innerhalb eines bestimmten Radius des Ortes ausgesucht, den man als Nutzer angibt. Wer gerade im Urlaub ist und den lieber zu zweit verbringen möchte, nutzt die Standortbestimmung seines Handys und erhält Kontaktvorschläge, die zum aktuellen Aufenthalt passen.

Aber wo so viele Menschen auf der Suche sind, da ergeben sich schon rein statistisch betrachtet auch dauerhafte Partnerschaften. Denn natürlich kann man auch Lebenspartner auf Tinder suchen. Und finden. Die App versteht sich nicht als Börse ausschließlich für unverbindliche Flirts.

Die App Tinder funktioniert vor allem durch überzeugende Fotos. Was naturgemäß zur Folge hat, dass hier auch einiges an Blendwerk und schönem Schein zu sehen ist. Mit anderen Worten: Nicht alle Bilder entsprechen zu hundert Prozent dem realen Menschen. Hier wird bearbeitet und geschönt, um möglichst viele Matches zu bekommen. Zwar können die Mitglieder sich auch in einem kurzen Text selbst beschreiben. Entscheidend ist aber der erste Eindruck, und das ist nun einmal das ansprechende Bild.

Hat man ein Match, kann man sich mit dem/der anderen in Verbindung setzen und unter anderem einen Videochat beginnen, bevor man sich das erste Mal trifft.

Bumble

Diese App ähnelt Tinder in vielen Punkten und wird deshalb gern salopp als »Tinder-Clon« bezeichnet. Auch hier spielen attraktive Fotos eine entscheidende Rolle, und auch hier wird per Swipe entschieden, ob man die/den andere(n) kennenlernen möchte oder nicht. Hat man ein Match, gibt es auch bei Bumble die Möglichkeit zu einem Videochat (ohne Angabe privater Daten). Es gibt allerdings auch ein paar wichtige Unterschiede:

- Bei Bumble suchen die Mitglieder eher nach festen Partnerschaften als nach kurzlebigen Flirts oder Sex-Dates.

- Außerdem müssen bei Bumble die Frauen nach einem Match den Anfang machen! Sie haben dazu 24 Stunden Zeit. Melden sie sich innerhalb dieser Zeit nicht bei dem anderen, wird das Match gelöscht.

> www.bumble.com
>
> Die Basisfunktionen sind kostenlos.
>
> Die Mitglieder sind zwischen 18 und 35 Jahre alt.

Der Umgangston bei Bumble gilt als niveau- und respektvoll.

Leider ist diese App im ländlichen Raum noch nicht sehr verbreitet, so dass wer nicht in der Stadt lebt, bei Tinder vermutlich die größere Chance auf ein Match hat.

OkCupid

Kennen Sie den kleinen, geflügelten Gott aus der griechischen (und römischen) Mythologie? Bei den Griechen heißt er Amor, bei den Römern – Cupido. Wen sein Pfeil trifft, der ist hoffnungslos verliebt.

Die App OkCupid gilt als Alternative für alle, denen Tinder zu oberflächlich in den Auswahlkriterien ist. Denn hier gibt es die Möglichkeit, ergänzend zu den Fotos im Profil auch Fragen zu Wertvorstellungen und grundsätzlichen Einstellungen zu beantworten. Das gibt dem Auswahlverfahren etwas mehr Tiefgang.

Leider gilt das Abo-Modell als relativ teuer. Und in kleineren Städten ist die Auswahl an Matching-Partnern (noch) nicht allzu groß, da hier viele nach wie vor auf die bekannten Namen wie eben Tinder oder Bumble setzen.

> www.okcupid.com
>
> Bei OkCupid sind auch queere Beziehungsanbahnungen möglich.

Noch mehr Apps

Finden Sie auch, dass der beste Beziehungskitt immer noch gemeinsame Feinde sind? Schließlich kennt jeder etwas, das er nun mal partout nicht mag, seien das die allabendlichen Trommel-Einheiten für die innere Mitte aus der Wohnung direkt oberhalb der eigenen, anstrengend dauergutgelaunte Menschen oder ekelhaft kitschige Spaziergänge bei Mondschein.

Wenn Sie vor allem ein Gegenüber suchen, mit dem Sie in gemeinsamen Abneigungen schwelgen können, dann versuchen Sie es doch einmal bei **www.haterdater.com**

> *Cyrano de Bergerac, das ist jener tragikomische Held aus dem gleichnamigen Theaterstück von Edmond Rostand (übrigens grandios verfilmt mit Gerard Depardieu). Cyrano schreibt zwar wunderschöne Liebesbriefe, hält sich aber wegen seiner, wie er findet, viel zu großen Nase für unwürdig in Sachen Liebe, weshalb er sich seiner Angebeteten nie als der Schreibende zu erkennen gibt.*

Wer zuerst einmal lesen (und selber schreiben) möchte, ohne sich selbst zu zeigen oder den anderen zu sehen, für wen also das Äußere eher zweitrangig ist, dem sei **www.lovetastic.ch** empfohlen. Die Betreiber der App kommen aus der Schweiz, die App selber wird aber auch von Mitgliedern aus Deutschland und Österreich genutzt. Und natürlich sollte man, anders als Cyrano, seine Deckung irgendwann aufgeben und sich an ein Treffen im wirklichen Leben heranwagen.

Wenn Sie immer schon einmal gern in der legendären Sendung »Herzblatt« mitgespielt hätten, dann ist vielleicht die App **www.candidate** genau das Richtige für Sie. Auch hier kann man die Partnersuche auf bestimmte Städte eingrenzen. Und dann beginnt das Spiel: Man erstellt insgesamt drei bis fünf Fragen, wie wir sie alle aus »Herzblatt« kennen (nur vielleicht etwas weniger konstruiert …). Sobald sich genug Teilnehmer gefunden haben, beginnt das Spiel, bei dem jede/r seine oder ihre Antworten schreibt. Aus den Antworten kürt der Fragesteller dann den Sieger. Und erst jetzt können beide ihre Profilbilder sehen. Klar kann das eine Enttäuschung werden. Aber wenn es gut geht, hat man auch gleich die idealen Anknüpfungspunkte für den anschließenden Chat. Und man darf ja immer wieder neue Fragespiele eröffnen. Außerdem kann man sich natürlich auch selber bei den Fragespielen anderer anmelden. Online-Dating einmal auf die unterhaltsame Art.

Partnervermittlungen

Sie gelten als die seriösesten unter den Dating-Methoden. Denn hier geht es zum einen wirklich um die Suche nach einer langfristigen Partnerschaft. Zum anderen werden bei Partnervermittlungen in der Regel Gebühren erhoben, die deutlich über denen der Online-Börsen und Apps liegen. Damit fallen schon einmal all jene Dating-Teilnehmer weg, die lediglich aus Neugierde, Langeweile oder Spaß am Ausprobieren dabei sind oder denen es um einen kurzfristigen Flirt geht. Nur wer ernsthaft auf der Suche nach einer dauerhaften Partnerschaft ist, wird auch entsprechende Summen in die Vermittlung investieren.

Bei Partnervermittlungen wählen die Teilnehmer ihre »Dates« nicht via Foto und Swipe-Verfahren aus, sondern die Kontakte werden tatsächlich vermittelt. Das geschieht über ausgefeilte Matching-Algorithmen. Die Betreiber setzen dabei auf Fragebögen, die nach dem sogenannten **Fünf-Faktoren-Persönlichkeitsmodell** recht differenzierte Profile der Mitglieder erstellen. So werden tatsächlich diejenigen Menschen zusammengeführt, die charakterlich am besten zueinander passen.

Wer sich bei einer Partnervermittlung anmeldet, sollte also gut 20 bis 30 Minuten Zeit einplanen, um den Fragebogen auszufüllen.

> Häufig sind in den Städten mehr Menschen bei Partnerschaftsvermittlungen angemeldet als auf dem Land.
>
> Wer seine Chancen erhöhen möchte, einen neuen Partner zu finden, der sucht am besten rund um Feiertage.
>
> Im Dezember und im Januar sind besonders viele Menschen auf der Suche nach der Liebe. Die niedrigsten Mitgliederzahlen verzeichnen dagegen der April und der Mai.

> ### Das Fünf-Faktoren-Persönlichkeitsmodell
>
> Die Charakterstudie dieses Modells erfasst die folgenden Bereiche der Persönlichkeit:
>
> **Freundlichkeit:** Großzügigkeit, Vertrauen, Altruismus
> **Gewissenhaftigkeit:** Sorgfalt, Zuverlässigkeit, Leistungsbereitschaft
> **Offenheit:** Wissbegier, Fantasie, Neugier
> **Emotionale Stabilität:** Ängstlichkeit, Reizbarkeit, Verletzlichkeit
> **Extraversion:** Geselligkeit, Aktivität, Unternehmungslust

Natürlich werden Sie hier nicht explizit gefragt, ob Sie sich für einen großzügigen, dauerliebenswerten Menschen mit der Geduld eines Buddha halten. Die Fragen sind ein bisschen einfallsreicher beziehungsweise subtiler. So soll man beispielsweise Gründe neben der Liebe nennen, aus denen man sich eine neue Partnerschaft wünscht. Oder es wird gefragt, ob man sich vorstellen könnte, an einem anderen als dem aktuellen Ort zu wohnen.

> **Schnäppchen:**
> Aus finanzieller Sicht lohnt es sich, wenn man sich vor Feiertagen registriert. Häufig gibt es zu diesen Terminen Rabatte.
>
> **Tipp zur Kündigung:**
> Wenn Sie einen Vertrag über einen bestimmten Zeitraum abgeschlossen haben, kündigen Sie am besten sofort nach der Anmeldung wieder. So verpassen Sie nicht die Kündigungsfrist.

Eine absolute Garantie, an den Partner fürs Leben vermittelt zu werden, gibt es natürlich auch bei noch so ausgefeilten Softwarealgorithmen nicht. Dazu ist der persönliche Eindruck zu wichtig. Und nicht zuletzt vor allem die Frage, ob es zwischen den beiden »Gematchten« funkt oder eben doch nicht. Wenn Sie die Fragen allerdings ehrlich beantworten und der Algorithmus Sie daraufhin nicht als Misanthrop par excellence identifiziert, zu dem jede/r besser einen Sicherheitsabstand von mindestens einem Meter einhalten sollte, dann stehen die Chancen auf eine neue, dauerhafte Liebe nicht schlecht.

Nebenbei: Selbst wenn das mit dem Menschenfeind stimmen sollte: Alle, die Fredrik Backmans wunderbaren Roman »Ein Mann namens Ove« gelesen haben, wissen, dass auch in einem missmutigen, frustrierten Griesgram ein liebenswerter Mensch stecken kann.

Parship

»Alle 11 Minuten verliebt sich ein Single über Parship« – mit diesem Satz wird bei der populärsten Partnervermittlung Deutschlands geworben. Gut, das ist eben Werbung. Die Wirklichkeit sieht noch einmal etwas anders aus. Aber ganz so schlecht schneidet sie im Verhältnis zum Werbeslogan gar nicht einmal ab. Hier ein paar Zahlen:

- Nach eigenen Angaben kann Parship auf eine Erfolgsquote von 38 Prozent vermittelter Partnerschaften verweisen.

- Jährlich melden sich 1,8 Millionen Menschen neu an.

Hinter der recht hohen Erfolgsquote steckt das sogenannte Parship-Prinzip, ein Persönlichkeitstest aus ca. 80 Fragen im Multiple-Choice-Verfahren. Die Antworten ermöglichen es dem Algorithmus, diejenigen zusammenzubringen, die tatsächlich gut zusammenpassen dürften.

Gleich nach der Registrierung gelangt man zu dem Test, für den man sich zwischen 20 und 30 Minuten Zeit nehmen sollte. Wichtig: Man sollte die Antworten spontan ankreuzen, ohne lange zu überlegen, damit wird das Ergebnis am ehrlichsten. Ergänzend stehen Felder zur Verfügung, in denen man sich selber beschreiben kann. Und

> www.parship.de
> (auch at. und ch),
> für Gleichgeschlechtliche
> gibt es die Plattform
> www.gayParship.de
>
> 51 Prozent Frauen,
> 49 Prozent Männer

man sollte – ganz wichtig – Fotos hochladen. All diese Angaben werden danach auf ihre Authentizität hin geprüft, so dass Fake-Profile von vornherein ausgeschlossen werden.

 Wer sich die Mühe macht, alle Bausteine des Profils auszufüllen, der oder die erhält ungefähr fünfmal so viele Kontaktvorschläge im Vergleich zu Mitgliedern, die nur Teile des Profils ausfüllen.

Im Anschluss macht sich die Software von Parship an die Arbeit und ermittelt die passenden Vorschläge. Das geht innerhalb weniger Minuten. Zusätzlich werden die Kontakte noch mit Matching-Punkten zwischen 60 und 140 versehen, je höher die Punktzahl, umso größer die Übereinstimmung zwischen den beiden potentiellen Partnern. Ab einer Punktzahl von 100 kann man bereits von einer hohen Übereinstimmung sprechen.

Parship ist vorwiegend in der DACH-Region (Deutschland, Österreich, Schweiz) und Frankreich aktiv.

Das Bildungs- und Einkommensniveau bei Parship liegt über dem Durchschnitt.

Hübsches Detail:
Inzwischen sind schon mehr als 120.000 Parshipbabys zur Welt gekommen. Die Partnersuche hat offenbar funktioniert.

Natürlich erhält man auch eine Auswertung des Persönlichkeitstests. Die Basis-Mitgliedschaft beinhaltet eine kurze Auswertung, wer sich für das Premium-Modell entscheidet, der bekommt ein 46-seitiges PDF zum Download bereitgestellt.

ElitePartner

Der Name klingt elitär, und das ist auch beabsichtigt. Denn diese Vermittlung richtet sich an »Singles mit Niveau«, so der Untertitel. Das setzt zwar keinen akademischen Abschluss voraus, dennoch liegt der Anteil an Akademikern hier bei 70 Prozent. ElitePartner zählt zusammen mit Parship zur »Parship Elite Group GmbH«, beide gehören der ProSiebenSat1 Media SE. Und genau wie bei Parship müssen die Mitglieder auch hier zunächst einen Persönlichkeitstest ausfüllen. Dafür soll aber nach eigenen Angaben die Erfolgsquote im Anschluss auch bei 42 Prozent liegen.

Auch bei ElitePartner ist eine Mitgliedschaft nicht günstig. Allerdings trifft man hier nahezu ausschließlich auf wirklich Interessierte, Fake-Profile werden systematisch aussortiert. Die lassen sich für den Anbieter unter anderem daran erkennen, dass die Fragen des Persönlichkeitstests widersprüchlich oder unvollständig beantwortet werden. Und selbst wer alle Hürden genommen hat, kann später von einer Mitgliedschaft wieder ausgeschlossen werden, wenn er oder sie sich durch Anzüglichkeiten oder rassistische Äußerungen unangenehm hervortut.

Genau wie bei Parship sollte man sich auch hier ca. 20 bis 30 Minuten Zeit nehmen für den Persönlichkeitstest, man kann maximal drei Fotos hochladen und hat Platz für eigenen Text, in dem man etwas über sich selbst erzählen kann.

Akademikeranteil von 70 Prozent

Ca. 3,8 Mio. registrierte Mitglieder in Deutschland

47 Prozent Männer, 53 Prozent Frauen

Der Altersdurchschnitt der Mitglieder liegt bei 45 Jahren.

Täglich melden sich allein in Deutschland 3000 neue Mitglieder an.

www.elitepartner.de (auch elitepartner.at und elitepartner.ch)

Die Fotos werden bei einem Match zunächst nur verschwommen dargestellt. Jede(r) kann selber entscheiden, zu welchem Zeitpunkt der Kommunikation er/sie die Bilder für den jeweiligen Gesprächspartner freigeben möchte.

Das Preismodell bei ElitePartner ist in unterschiedliche Angebote gegliedert. Es gibt zwar auch die Möglichkeit, sich kostenlos anzumelden. Kontakt aufnehmen kann man zu den vorgeschlagenen Partnern aber erst mit einer kostenpflichtigen Mitgliedschaft. Und auch hier wird noch einmal zwischen verschiedenen Modellen je nach Anmeldedauer unterschieden. So kann man (Stand Frühjahr 2023) die Suche auf Mitglieder in der Nähe zum eigenen Wohnort etwa erst ab einer Mitgliedschaft von einem Jahr festlegen. Auch die Fotos lassen sich erst bei einem Abonnement von einem Jahr einsehen.

Auch bei ElitePartner bietet es sich an, das Premium-Abo sofort nach Abschluss wieder zu kündigen, um die Frist von drei Monaten auf keinen Fall zu verpassen, die man einhalten muss, damit sich das Abo nicht automatisch verlängert.

Für die eher höheren Mitgliederbeiträge bietet ElitePartner aber ein paar Extras, die man bei anderen Dating-Portalen nicht findet: Hierzu gehört etwa ein Single Coaching via Mail oder Telefon zu Themen wie Partnersuche, Dating, Liebe, aber auch zu Beziehungsangst. Außerdem werden Single-Reisen organisiert oder Flirt-Seminare abgehalten. Hinzu kommt das Elite-Magazin mit Beiträgen zu Liebe und Partnerschaft, Expertentipps, Interviews und psychologischen Tests. Außerdem betreibt das Portal ein eigenes Forum, in dem alle Fragen rund um die Liebe, aber auch um Trennung oder das Leben als Single mit anderen besprochen werden können.

Wer Geld sparen möchte und es nicht allzu eilig hat mit der Partnersuche, der sollte sich zunächst einmal kostenlos anmelden und dann sein E-Mail-Postfach regelmäßig auf Rabattangebote von ElitePartner überprüfen. Denn die gibt es in regelmäßigen Abständen immer wieder. Außerdem erhalten (Stand Frühjahr 2023) Singles unter 30 Jahren und Alleinerziehende grundsätzlich einen Preisnachlass von 50 Prozent.

LemonSwan

Diese Partnervermittlung wirbt im Untertitel mit dem Satz »was Frauen wollen«, und das sei vor allem Seriosität. LemonSwan stammt erst aus dem Jahr 2017, verzeichnet deshalb auch noch nicht so viele Mitglieder wie die beiden vorher dargestellten. Wichtig ist auch hier ein kultivierter Umgang miteinander. Sogenannte Türsteherinnen, der Plattform zufolge geschulte Psychologinnen, prüfen die Bilder der Neuankömmlinge auf ihre Authentizität hin und sorgen auch für die Einhaltung eines höflichen Tons. Wer sich nicht daran hält, riskiert einen Platzverweis.

Außerdem wirbt auch diese Vermittlung mit einem wissenschaftlich erprobten Persönlichkeitstest, den jedes neue Mitglied ausfüllen muss. Dafür benötigt man etwa 20 bis 30 Minuten Zeit, anhand der Ergebnisse dieses Tests matcht dann ein Algorithmus die Partnerschaftsvorschläge.

Für das seriöse Anliegen von LemonSwan spricht bereits der Name des Gründers: Arne Kahlke hatte bereits mit der Partnervermittlung »ElitePartner« hohe Maßstäbe gesetzt.

> www.lemonswan.de
> (auch für Österreich/at. und die Schweiz/ch.)
>
> Die Gratis-Funktionen halten hier wenig Möglichkeiten bereit, dafür ist eine Premium-Mitgliedschaft für Azubis, Alleinerziehende und Studierende kostenlos.

Und sonst noch? Spezielle Dating-Seiten

Sie suchen nach dem Besonderen? Wir haben eine kleine Auswahl an Seiten zusammengestellt für alle, die nach speziellen Interessensgebieten Ausschau halten:

Angebote im LGBTQ+-Bereich

www.grindr.com
Eine Gay-App, in der auch Queere und Bisexuelle Liebe und Erotik finden.

Christliche Dating-Portale

www.christ-sucht-christ.de
www.christliche-partnersuche.de

Portale für Übergewichtige

www.rubensfan.de
www.mollylove.de

Menschen mit Handicap

www.handicap-love.de
Hier sind Menschen sowohl mit körperlichem als auch mit psychischem Handicap willkommen.

www.gl-sh.de
Diese Kontaktbörse richtet sich an schwerhörige oder gehörlose Menschen.

Dies und das – sehr spezielle Dating-Seiten

Hauptsache, man weiß, was man will. Dann kann man auch schauen, ob sich Gleichgesinnte finden. Die folgenden Dating-Portale können zwar nicht mit so vielen Mitgliedern aufwarten wie die großen Börsen, dafür trifft man hier aber garantiert auf Menschen mit denselben Interessen und Vorlieben:
www.astro-singles.de

Für alle, deren Liebe unter der richtigen Planetenkonstellation stehen soll.

www.schwarzes-glueck.de
Singlebörse für »Grufties«

www.grosseleute.de
Wer hier sucht, ist mindestens 1,80 (Frauen) oder 1,90 (Männer) groß.

www.dich-mit-stich.de
Die Datingbörse für Tätowierte

Chancen auf Erfolg?

Die kurze Antwort: je nachdem.

Die ausführlichere Antwort: Wie schnell und ob Sie via Internetbörse einen Partner/eine Partnerin finden, hängt von mehreren Faktoren ab. Zum einen geht's um die Frage, was Sie für sich als »Erfolg« verbuchen: einen Kuss, Sex, eine kürzere Beziehung oder eine dauerhafte Partnerschaft einschließlich dem großen Moment beim Standesamt.

Den entscheidenden Unterschied zwischen vergeblicher und erfolgreicher Suche macht häufig die Art der Single-Vermittlung:

- Partnervermittlungen können zum Teil auf eine Vermittlungsquote von 60 Prozent und mehr verweisen.

- Zu Singlebörsen finden sich kaum Angaben, der Erfolg liegt aber nicht so hoch wie bei den Partnervermittlungen. Immerhin haben in vielen Singlebörsen ungefähr die Hälfte aller Mitglieder ein Date.

- Bei einer Dating-App hat man eine Chance von 25 Prozent, um eine Beziehung einzugehen, wer zunächst mal nur ein Date sucht, findet das auch hier in der Hälfte aller Fälle.

Nun gut, eine hundertprozentige Garantie für eine neue Partnerschaft bekommt man demnach auf Dating-Seiten nicht. Würde es sich da nicht anbieten, mehrgleisig zu fahren und sich parallel bei zwei oder drei Börsen anzumelden? Das kann man machen, sollte aber dabei bedenken, dass ...

- das erstens recht teuer werden kann.

- man damit wirklich viel Zeit in die Partnersuche investiert.

- man schnell einmal den Überblick verlieren kann.

Gar nicht so falsch ist es dagegen, wenn Sie am Beginn Ihrer Internet-Recherche die Gratis-Versionen mehrerer Börsen, Apps oder Vermittlungen testen. So finden Sie heraus, mit welcher Sie am besten zurechtkommen, welche genau die Services anbietet, die Ihnen weiterhelfen, und wo Ihnen der Umgangston unter den Mitgliedern am ehesten zusagt.

Ein paar Tipps zum Schluss ....

Sie haben sich im Netz auf die Suche begeben oder sind über Werbung auf ein Dating-Portal gestoßen, dass wir hier nicht präsentiert haben? Das ist gut möglich, denn aus Platzgründen können wir hier nur einige der bekanntesten Seiten vorstellen.

Und nun möchten Sie sichergehen, dass Sie nicht an einen unseriösen Anbieter geraten sind. Gute Adressen zum Überprüfen sind hier sogenannte Vergleichsseiten. Hier werden zwar nicht alle, aber doch viele Dating-Portale getestet, man erhält Informationen über die Funktionsweisen der Portale, über Mitglieder, Kosten und vor allem über die Seriosität der jeweiligen Seite.

www.zu-zweit.de
www.onlinedating.de
www.DatingJungle.de

Etwas vorsichtiger sollte man dagegen mit **Verbraucherbewertungen** sein, wie man sie etwa bei **www.trustpilot.de** findet. Denn hier geben Kunden ihre persönlichen Eindrücke wieder. Und es ist ein bekanntes Phänomen, dass sich auf solchen Portalen vor allem diejenigen zu Wort melden, die mit dem Angebot unzufrieden sind. Negative Bewertungen aus reiner Kundensicht sind also häufig sehr subjektiv und sagen nichts über die tatsächliche Qualität eines Portals aus.

Wenn unsere Übersicht Sie eher verwirrt hat und Sie nun erst recht nicht mehr wissen, wo Sie mit Ihrer Suche anfangen sollen, dann lassen Sie sich unter **www.zu-zweit.de/empfehlung** beraten. Sie können hier entweder anhand eines anonymen Fragebogens ermitteln, wo Sie am besten aufgehoben sind. Oder Sie lassen sich unter der auf der Seite angegebenen Nummer persönlich am Telefon beraten.

Gratis versus kostenpflichtig

Grundsätzlich gilt: Erst einmal das Gratis-Angebot nutzen!

Wie wir bereits weiter oben gezeigt haben, gibt es Portale, die grundsätzlich keine Gebühr verlangen. Aber auch darüber hinaus bietet jede Datingbörse, ob App, Singlebörse oder Partnervermittlung, ein kostenloses Basis-Modell an. Weit kommt man mit dieser »Grundausstattung« in vielen Fällen allerdings nicht, so ist die Möglichkeit, mit anderen Mitgliedern Kontakt aufzunehmen, zumindest in der Gratis-Version stark limitiert.

Aber man hat auf diesem Weg die Möglichkeit, die Funktionsweise des jeweiligen Portals kennenzulernen, und auch das ist wichtig. Denn wenn Sie sich tatsächlich durch die verschiedenen Angebote testen, werden Sie feststellen, dass Ihnen das eine mehr, das andere weniger gefällt.

Entscheiden Sie sich für eine kostenpflichtige Mitgliedschaft, dann müssen Sie in der Regel ein Abonnement über einen bestimmten Zeitraum abschließen. Der kann zwischen einem und 24 Monaten variieren, je länger der gewählte Zeitraum, umso preiswerter wird dabei meist der monatliche Betrag. Aber mal ehrlich: Lohnt sich ein Zwei-Jahres-Abo, nur weil man dann pro Monat weniger bezahlt? Absolut betrachtet ist es doch immer noch das teuerste Abo. Und glauben Sie wirklich, dass Sie zwei Jahre brauchen, um einen neuen Partner zu finden?

Empfohlen wird daher meist, ein Abo für drei bis sechs Monate abzuschließen.

Wir haben bereits weiter oben in diesem Kapitel dazu geraten. Da man diesen Tipp aber gar nicht oft genug geben kann, möchten wir ihn hier noch einmal wiederholen: Kündigen Sie Ihr Abo gleich, nachdem Sie es abgeschlossen haben, wieder. Jede Börse hat andere Kündigungsfristen, verpasst man die, verlängert sich die Mitgliedschaft automatisch. Wer gleich kündigt, rutscht nicht aus Versehen in die Verlängerung.

Wie viel man wo zahlt

Bei vielen Portalen erfährt man erst, wie viel sie kosten, wenn man sich bereits (gebührenfrei) angemeldet hat. Wenn Sie sich schon im Vorfeld über die tagesaktuellen Preise informieren möchten, empfehlen wir Ihnen auch hier einen Blick auf: **www.zu-zweit.de**

Bei den Angaben zum jeweiligen Portal findet sich auch eine Liste mit den Gebühren.

Kostenpflichtig – ja oder nein?

Natürlich ist das auch eine Frage des Einkommens. Nicht jede/r hat die Mittel, sich für einen zwei- oder dreistelligen Monatsbeitrag auf Partnersuche zu begeben. Andererseits: Wer abends ausgeht, um eine neue Liebe zu finden, bekommt die Getränke in Bars oder Restaurants auch nicht gratis. Insofern kann es sich lohnen, die Kosten einmal gegeneinander aufzurechnen.

Auf Gratis-Seiten oder -Apps melden sich häufig auch Menschen aus reiner Neugierde an, ohne wirklich ernsthaft nach einem Partner zu suchen. Das sollten Sie immer bedenken, wenn Sie sich für dieses Modell entscheiden. Das heißt, dass Sie unter Umständen zu Menschen Kontakt aufzunehmen versuchen, die schon lange keine aktiven Mitglieder mehr sind oder es nie waren. Sie warten also vergeblich auf Antworten. Außerdem kann man in Gratis-Börsen durchaus an Fake-Profile oder sogenannte Scammer geraten (Erklärungen zu den Begriffen finden Sie im letzten Kapitel).

Wer bereit ist, für die Partnersuche Geld auszugeben, meint es in aller Regel auch ernst. Schon deshalb kann sich die kostenpflichtige Mitgliedschaft in einer Partnervermittlung lohnen. Außerdem ist hier die Chance, denjenigen kennenzulernen, mit dem man wirklich gut zusammenpasst, schon durch den Persönlichkeitstest höher als in vielen Dating-Apps oder Singlebörsen. Hinzu kommt, dass in etlichen Gratis-Börsen die Mitglieder lediglich nach einem kurzen Flirt suchen, was bei einer Partnervermittlung eher ausgeschlossen werden kann.

Etwas problematisch ist natürlich der finanzielle Aspekt. Auch Menschen, die über wenig Geld verfügen, haben ernsthafte Absichten. Und nicht jeder mit Geld hat gleichzeitig auch Niveau (ein Aspekt, mit dem bei einigen Partnervermittlungen ja geworben wird). Es soll tatsächlich auch wohlhabende Menschen geben, die erschreckend primitiv sind, und umgekehrt hochgebildete, sehr kultivierte ohne gutes Einkommen. Tatsächlich ist es so, dass Portale wie Parship oder ElitePartner allein durch die Mitgliederbeiträge eine Selektion vornehmen, die den Menschen nicht immer gerecht wird. Und wer sagt, dass Besserverdienende unbedingt »unter sich« bleiben wollen?

Bei der Gelegenheit übrigens ein paar Spartipps:

- Wenn Sie Zeit und Geduld haben, dann warten Sie einfach die Feiertage ab. Oft gibt es um Neujahr, Weihnachten oder den Valentinstag vergünstigte Mitgliedschaften.

- Geben Sie die Daten für eine kostenpflichtige Mitgliedschaft ein (wichtig: einschließlich der E-Mail-Adresse) und brechen Sie den Vorgang kurz vor Abschluss ab. Damit haben Sie grundsätzliches Interesse signalisiert, zugleich aber auch Ihr Zögern zum Ausdruck gebracht. Mit etwas Glück schickt Ihnen das System des jeweiligen Anbieters dann in der nächsten Zeit per Mail Rabattcodes, um Sie doch noch für die Mitgliedschaft zu gewinnen.

- Schauen Sie auf Vergleichsportale. Auch hier werden häufiger Rabattcodes angeboten, manchmal nur für eine kurze Probe-Mitgliedschaft, manchmal auch für das gesamte Abo.

Und zum Abschluss: Werfen Sie, bevor Sie sich für eine kostenpflichtige Mitgliedschaft entscheiden, unbedingt einen Blick darauf, wie viele Neuanmeldungen ein Portal pro Monat verzeichnen kann. Je mehr es sind, umso größer ist die Chance, nicht auf »Karteileichen« zu treffen, sondern auf andere Menschen, die auch gerade einen neuen Partner suchen.

Partnersuche mit »Hindernissen«...

Oder sind das gar keine? Eigentlich hätte hinter dieser Überschrift ein Fragezeichen stehen müssen. Denn in diesem Abschnitt widmen wir uns zwei Gruppen von Menschen, die vermutlich selber noch mehr als ihre Umgebung die Partnersuche als problematisch empfinden. Ob zu Recht oder nicht, das entscheiden Sie am besten selbst, nachdem Sie die folgenden Abschnitte gelesen haben.

Partnersuche ab 50

Die magische Zahl 50 scheint die Menschen in ein »Vorher« und »Danach« einzuteilen. Vor der 50 kann man sich auf dem allgemeinen Partnermarkt umschauen, danach scheint es angeraten, sich in die Rubrik für die Menschen in der sogenannten zweiten Lebenshälfte zu begeben. Manche 50-Jährige, die sich jünger fühlen und vielleicht auch deutlich jünger aussehen, fühlen sich von dieser Einteilung diskriminiert.

Deshalb sollte man die 5 vor der 0 besser nicht als Abschreckung verstehen – »ab jetzt bitte unter deinesgleichen bleiben!« –, sondern sie eher als eine Art Richtwert nehmen: Man ist jetzt in einem Alter, in dem es bei der Partnerwahl um anderes als die Gründung einer Familie geht. Die »symbolische 50« steht für neue Schwerpunkte bei der Lebensplanung. Deshalb möchten wir diesem Aspekt der Partnersuche per Dating-Portal einen kurzen eigenen Abschnitt widmen.

Gehen wir einmal davon aus, dass Sie nicht bis jetzt ungeküsst durchs Leben gegangen sind und sich nun erstmals an eine Partnerschaft heranwagen. Dann werden Sie in Sachen Beziehung schon

die eine oder andere Erfahrung hinter sich liegen haben: Trennung, Scheidung, vielleicht sogar den Verlust des Lebens-/Ehepartners. Sie haben schmerzhafte Erfahrungen hinter sich, hatten sich das alles vielleicht ganz anders vorgestellt, haben möglicherweise schon erwachsene Kinder oder Kinder im Jugendalter. Nun stehen Sie also (wieder) allein da.

Aber so soll das nicht bleiben.

Nur sind Ihre Freunde zum großen Teil familiär gebunden. Mit wem also sollten Sie abends ausgehen, um Ihren Bekanntenkreis um einen neuen Partner zu erweitern? Bleibt als Alternative das Internet. Natürlich ist die Arbeit mit dem weltweiten Netz für Sie kein Buch mit sieben Siegeln. Aber Partnersuche per Netz? Das, was in den jüngeren Generationen für viele schon zur Selbstverständlichkeit geworden ist, erscheint Ihnen doch etwas suspekt. Ihre früheren Partner haben Sie schließlich analog kennengelernt, sei es über die Uni, den Beruf oder gemeinsame Bekannte.

Hinzu kommen ein paar weitere Probleme:

- Sie sind nicht mehr unbedingt bereit, sich mit Ihrem Partner gemeinsam zu entwickeln, das haben Sie nämlich schon hinter sich. Ihre Persönlichkeit ist bereits ausgereift, Sie wissen genau, wie Sie sich eine Beziehung vorstellen. Und wie nicht.

- Leider müssen wir es erwähnen: das Alter. Selbst wenn Sie nach wie vor attraktiv sind, Sport treiben, eine Menge Interessen pflegen, sich gut kleiden … So wie mit 20 sehen Sie eben nicht mehr aus. Und das macht Ihnen möglicherweise Probleme, schlimmstenfalls mindert es sogar deutlich Ihr Selbstwertgefühl, zumindest bedauerlicherweise das vieler Frauen.

Das alles hat aber umgekehrt auch wieder Vorteile:

Sie wissen (mittlerweile) sehr genau, wie Sie sich Ihre neue Partnerschaft vorstellen. Und Sie träumen vermutlich auch nicht mehr den naiven Traum von Mr. Wonderful/Mrs. Perfect, der/die alle Ihre Erwartungen erfüllen, eher noch übertreffen soll. Sie wissen, dass Sie für einen Teil des Glücks in Ihrem Leben selber verantwortlich sind und der Partner Ihr Leben bereichern, ihm aber nicht den Sinn geben kann.

Und um noch einmal auf das Älterwerden zurückzukommen: Uns ist bewusst, dass viele Männer sich nach jüngeren Frauen umsehen. Wer sich aber in einer Partnerbörse für Menschen ab 50 auf die Suche nach dem neuen Lebensgefährten begibt, der beziehungsweise die kann sich sicher sein, dass sie hier auf Männer trifft, die eine Partnerin in ungefähr ihrem Alter finden möchten. Vielleicht steht diesen Herren nicht mehr der Sinn nach durchgeschrienen Babynächten, vielleicht suchen sie aber auch ganz einfach auch eine gleichaltrige Frau, die ihre Lebenserfahrung teilt. Eine Frau auf Augenhöhe.

Wenn Sie sich etwas unsicher fühlen, melden Sie sich am besten bei einer Partnervermittlung an. Zum einen hilft der Persönlichkeitstest dabei, an eine Frau/einen Mann vermittelt zu werden, der Ihre Interessen und Wertvorstellungen teilt. Zum anderen ist bei einer Partnervermittlung der Service meist recht gut und es stehen Ihnen bei Fragen ein Mitarbeiter hilfreich zur Seite.

Partnersuche für Alleinerziehende

Auch wer allein mit einem oder mehreren Kindern auf der Suche nach einem neuen Partner ist, bekommt es mit Vorurteilen zu tun: Man suche ja nur jemandem, der einem gelegentlich die Kinder abnehme. Oder, noch schlimmer, man brauche einen Partner, um finanziell über die Runden zu kommen. Und wenn beide Argumente erfolgreich widerlegt sind, weil man wunderbar mit den Kindern zurechtkommt, ja sogar gern Zeit mit ihnen verbringt und/oder weil man selber einen gut bezahlten Job hat, dann bleibt immer noch, dass man einen Partner/eine Partnerin mit Kindern nie für sich allein hat. Während andere Paare nachts um die Häuser ziehen, hockt man mit seiner neuen Liebe zu Hause und hofft, dass im Kinderzimmer Ruhe einkehren möge, bevor man selber vor Erschöpfung ins Bett fällt.

Und, ja, ein Teil dieser Einwände gegen Partner mit Kindern lässt sich tatsächlich nicht so einfach entkräften. Die Kinder nehmen einen hohen Stellenwert im Leben der neuen Frau oder des neuen Mannes ein. Aber wäre es anders denn besser? Was würden Sie von einer Mutter oder einem Vater halten, die/der dieser Verantwortung nicht nachkommt und ein kleines Kind am Abend sich selber überlässt, um auszugehen?

Neben diesen weitverbreiteten Vorbehalten, denen sich Alleinerziehende ausgesetzt sehen, gibt es eine weitere Hürde, und zwar eine ganz praktische: Wo soll man in einem Alltag zwischen Kind, Haushalt und Beruf, zwischen Essen kochen, Hausaufgaben betreuen und Wäsche waschen überhaupt jemanden kennenlernen? Auf dem Spielplatz …? Auszugehen kostet, je nach Alter der Kinder, eine Menge Organisation für die abendliche Kinderbetreuung einschließlich Geld für besagte Betreuung. Da warten Sie als Mutter oder Vater mit der ganzen Partnersuche lieber gleich, bis die Kinder groß sind …?

Aber wer sagt denn, dass es da draußen nicht jemanden gibt, der oder die ganz und gar nichts gegen eine Partnerin/einen Partner mit Kind(ern) einzuwenden hat? Der vielleicht schon Party genug hinter sich hat und deshalb die Abende liebend gern bei einem Glas Wein und Kerzenschein auf dem Sofa verbringt? Oder der/die gar kein Partytyp ist? Nur: wie finden?

Und hier kommt wieder das Online-Dating ins Spiel. Denn die Partnersuche via Internet hat gerade für Alleinerziehende so einige Vorzüge:

- Die ersten Kontakte können Sie problemlos von zu Hause aus knüpfen. Ob Ihre Kinder dabei friedlich schlafen oder gerade die Wohnung in ihre Bestandteile zerlegen, spielt erst einmal keine Rolle.

- Wenn Sie Ihr Profil ehrlich ausfüllen und Ihre Kinder dabei nicht verschweigen, geraten Sie an jemanden, der sich genau wie Sie das Patchworken gut vorstellen kann.

- Im besten Fall lernen Sie auf diesem Weg nicht nur jemanden kennen, der sich »auch mit Kind« eine Beziehung mit Ihnen vorstellen kann, sondern einen Menschen mit viel Familiensinn.

> Laut einer Studie der Partnervermittlung LemonSwan haben zwei Drittel aller Männer kein Problem mit alleinerziehenden Partnerinnen.
>
> Nur sieben Prozent aller Single-Frauen haben den Eindruck, dass sie wegen ihrer Kinder benachteiligt sind bei der Partnersuche.

Das eigene Profil erstellen

Sie haben sich entschieden, es einmal mit dem Online-Dating zu versuchen, und auch schon die für Sie passende Seite gefunden? Schön, dann geht es jetzt daran, Ihr Profil zu erstellen.

Die Angaben, die man dafür machen muss, variieren von Portal zu Portal. Die ausführlichsten Angaben erfragen in der Regel Partnervermittlungen. Hier geht es allerdings auch darum, diejenigen zusammenzuführen, die ihr Leben miteinander verbringen möchten und nicht nur einen kurzen Flirt planen.

Bei mehr als 2500 Dating-Portalen versteht es sich von selbst, dass es keine einheitlichen Formalien für die Profilgestaltung gibt. Zwei beziehungsweise drei Konstanten haben aber alle gemeinsam. Und auf die möchten wir so allgemein wie möglich im Folgenden eingehen. Die Rede ist vom **Usernamen**, vom **Profilbild** und dem **Profiltext**.

Vorsicht: Einige Seiten bieten an, sich direkt über soziale Netzwerke wie etwa Facebook zu registrieren. Dieser Weg beschleunigt zwar die Anmeldung erheblich, die Dating-Seite übernimmt aber von dort häufig auch Ihre persönlichen Angaben, einschließlich Ihrer Freundesliste. Wer das nicht möchte – und es sei wirklich jedem davon abgeraten! –, geht den alternativen Weg über eine separate Anmeldung.

Und noch ein weiterer Tipp: Bei der Anmeldung müssen Sie immer Ihre E-Mail-Adresse angeben. Wenn Sie Ihre Privatsphäre ganz besonders schützen möchten, dann legen Sie sich eine zweite Adresse zu, die Sie ausschließlich zu diesem Zweck nutzen. Die können Sie bei der Registrierung angeben und auch später an Ihre Kontakte weitergeben, sofern Sie sich nicht ganz sicher sind, wie weit Sie der- oder demjenigen schon Zugang zu Ihrem Privatleben gewähren möchten.

Und nun medias in res: Ihr Nutzerprofil ist Ihre persönliche Visitenkarte beim Online-Dating. Darum möchten wir ihm hier auch besonders viel Aufmerksamkeit schenken.

> ### *Das Wichtigste nach Prozent geordnet*
>
> Die Partnervermittlung LemonSwan hat sich einmal genau angeschaut, worauf Partnersuchende beim anderen am meisten Wert legen:
>
> **63 Prozent** halten ein ansprechendes Profil bzw. gutes Aussehen auf dem Profilbild für wichtig.
>
> Für **60 Prozent** spielen gemeinsame Interessen eine bedeutende Rolle.
>
> **54 Prozent** achten auf einen ansprechenden Willkommenstext im Profil.
>
> Für **42 Prozent** haben gemeinsame Hobbys und die gemeinsame Freizeitgestaltung Bedeutung.
>
> Und, ebenso erfreulich wie überraschend:
> Nur **10 Prozent** halten den sozialen und finanziellen Status für entscheidend bei der Partnerwahl.
>
> Nicht in Prozent angegeben, aber dennoch als wichtig erwähnt wird auch eine gute Rechtschreibung.
> Deshalb: Lieber die eigenen Texte mehr als einmal auf Fehler durchlesen!

Der Username

Nicht auf jeder, aber doch auf vielen Seiten kann man sich mit einem sogenannten Nickname oder Usernamen (Benutzernamen) anmelden. Das ist sinnvoll, denn wer möchte schon auf den ersten Blick mit seinem vollen Klarnamen auf einer Dating-Seite erscheinen, deren andere Nutzer man nicht kennt? Sollte die Dating-Seite, etwa eine Partnervermittlung, persönliche Angaben von Ihnen anfordern, werden die natürlich nicht an die anderen Nutzer weitergegeben, sondern verbleiben beim Anbieter.

Welchen Benutzernamen Sie sich auswählen, bleibt natürlich Ihnen überlassen, ein paar Fehler sollten Sie aber nach Möglichkeit vermeiden:

- Sollten Sie Ihren wirklichen Vornamen wählen, kombinieren Sie ihn auf keinen Fall mit:

    – Ihrem Geburtsdatum,

    – Ihrem Wohnort,

    – der Initiale Ihres Nachnamens.

- Verwenden Sie keine reinen Zahlenreihen, da fehlt jedes Charisma.

- Und auch wenn es Ihnen vielleicht im ersten Moment als originell erscheinen mag: Wählen Sie keinen »lustigen« oder »niedlichen« Namen. Meistens ist das Ergebnis eher peinlich als lustig und niedlich. Also nicht »Schmusesusi_1990«, »IchBinDerGrößte« oder »Held_der_Liebe«.

Sie könnten sich einen fiktiven Vornamen aussuchen, der zwar nicht Ihrer ist, den es aber wirklich gibt. Vielleicht haben Sie einen besonderen Lieblingsnamen. Wenn es Ihnen bei der Anmeldung passiert, dass Ihr Username abgelehnt wird, da er bereits von jemand anderem gewählt wurde, kombinieren Sie ihn mit einem weiteren Wort oder einer (ebenso ausgedachten) Initiale des Nachnamens.

Das Profilbild

Am Beginn dieses Abschnitts auch hier wieder ein paar Zahlen und Fakten. Veröffentlicht wurden sie zwischen 2019 und 2020 in einer Studie des Online-Portals www.zu-zweit.de, als erste Untersuchung überhaupt wurden die Bilder hier mithilfe künstlicher Intelligenz analysiert. Grundlage bilden 22 Millionen Profilbilder aus insgesamt 16 Ländern.

- Im Schnitt stellt jeder 4 Fotos von sich online.

- 10 Prozent der Fotos von Männern sind Selfies, bei Frauen sind es 23 Prozent.

- (Leider) nur auf 27 Prozent der Fotos deutscher Online-Dater/innen kann man das Gesicht deutlich erkennen.

Das Hauptfoto

Für Models kein Problem, für Durchschnittsmenschen oft sehr schwierig. Aber: für Ihr Profil unabdingbar. Denn, ja, wenn Sie sich aufs Onlinedaten verlegen, dann funktioniert ohne ein, besser sogar mehrere Porträtbilder nicht viel. Untersuchungen haben gezeigt, dass diejenigen, die auf ihrem Profil ein Foto von sich selber zeigen, rund 70 Prozent mehr Kontaktvorschläge bekommen als diejenigen ohne Bild.

Darum nur Mut! Weil es nun einmal sein muss, folgen hier ein paar Tipps, die Ihnen helfen werden, sich visuell ins beste Licht zu rücken.

Die wichtigste Regel: Zeigen Sie ein aktuelles Bild von sich. Auch wenn Sie sich selber vor zehn Jahren hübscher, jünger und schlanker fanden, Ihr neuer Partner lernt Sie JETZT kennen.

Und damit sind wir gleich bei dem ersten wichtigen Punkt: Denn das »beste« Licht heißt nicht, dass Sie aussehen müssen wie das Titelmodell auf der aktuellen »Vogue«. Oft genug sind diese Fotomodelle zwar sehr schön, wirken aber zugleich auch etwas seelenlos. Nur möchte Ihr potentieller Partner oder Ihre Partnerin niemanden zum Vorzeigen, sondern einen Menschen, mit dem wirkliche Nähe entsteht. Er/sie möchte einen Menschen mit Stärken und Schwächen finden. Jemanden mit Humor und Verletzlichkeit, jemanden, der zur Liebe fähig ist und mit dem man gemeinsam etwas erlebt, spricht, lacht. Klar, nichts spricht gegen Make-up und Sport, nichts spricht dagegen, sich vorteilhaft oder modebewusst zu kleiden. Aber wie viele Menschen suchen tatsächlich jemanden, der/die vier Stunden des Tages nur damit zubringt, das Äußere zu pflegen?

Andererseits heißt, ein authentisches Bild von sich zu zeigen, auch nicht, dass Sie sich in Jogginghose auf dem Sofa ablichten sollten, ausgestattet mit Chips und Cola. Auch dann nicht, wenn ein entspannter Abend bei Ihnen schon mal so aussehen kann.

Die meisten Menschen machen inzwischen Selfies von sich. Wenn Sie unsicher sind, ob Ihnen das gut gelingt, dann bitten Sie einen Freund/eine Freundin, Ihnen bei den Aufnahmen zu helfen.

Zeigen Sie sich so, wie Sie wirklich aussehen, aber zeigen Sie sich von Ihrer vorteilhaften Seite! Um das am besten hinzubekommen, beachten Sie einfach die folgenden Tipps.

So gelingt das Bild:

- ✓ Zeigen Sie Ihr Profil im Ausschnitt vom Kopf bis zur Brust.

- ✓ Wählen Sie eine sanfte Beleuchtung und achten Sie darauf, dass keine harten Schatten auf Ihr Gesicht fallen.

- ✓ Drehen Sie Ihr Gesicht ganz leicht zur Seite. Damit ist nicht gemeint, dass Sie tatsächlich zur Seite schauen sollen. Aber es wirkt oft etwas plump, wenn jemand direkt in die Kamera starrt.

- ✓ Zeigen Sie sich so, wie Sie im Alltag tatsächlich aussehen. Der klassische Anzug bei Männern oder das Business-Kostüm bei Frauen sind dafür nicht notwendig. Beides wirkt eher nach Bewerbungsfoto. Wenn Sie sich als Frau allerdings auch im Alltag gern schminken, können Sie das ohne Weiteres auch für das Profilfoto tun. Dasselbe gilt für Schmuck: Wer ihn gern trägt, sollte ihn auch fürs Foto anlegen. Die Haare sollten die für Sie typische Frisur zeigen.

- ✓ Der Hintergrund sollte dezent sein und die Aufmerksamkeit nicht von Ihnen wegführen.

- ✓ **Zusatztipp:** Wenn Sie Ihr Foto bearbeiten können, dann lassen Sie den Hintergrund etwas verschwimmen. Damit kommen Sie selber noch besser zur Geltung.

- ✓ **Ganz wichtig: Lächeln Sie!** Egal, ob Mann oder Frau, ein Lächeln wirkt immer sympathisch.

- ✓ Ein Trick, der meist dafür sorgt, dass das Foto gelingt, besteht darin, dass man es an einem Ort aufnimmt, an dem man sich wohl fühlt.

Und so wird das nichts:

- ✗ Ein absolutes No-Go sind Gruppenfotos. Wie soll Ihr Onlinekontakt denn dann ausmachen, wer von den Menschen auf dem Bild Sie selber sind?

- ✗ Verwenden Sie keinen Weichzeichner.

- ✗ Zeigen Sie keine »lustigen« Fotos. Weg mit allen Hasen- oder spitzen Elbenohren.

- ✗ An die Männer: Fotos mit freiem Oberkörper besser vermeiden!

- ✗ Bitte keine Grimassen schneiden! Ein schlichtes Lächeln ist schön, pseudowitzige Gesichtsausdrücke kommen nicht gut an.

- ✗ Tragen Sie keine Sonnenbrille (damit sieht man Ihre Augen nicht) und keine Mütze (dann sieht der/die andere Ihre Frisur nicht).

- Und auch wenn wir den Frauen weiter oben dazu geraten haben, sich so zu zeigen, wie sie im Alltag aussehen: Schminken Sie sich nicht, als hätten Sie sich gerade durch das gesamte Angebot der Drogerie getestet. Übertriebenes oder zu grelles Make-up wirkt schnell ordinär.

- Wenn Sie ein Selfie von sich machen: Richten Sie die Handy-Kamera niemals von unten auf Ihr Gesicht. Damit bekommen Sie automatisch ein Doppelkinn. Am besten halten Sie sie leicht von schräg oben auf sich.

- Und noch einmal Stichwort Selfie: Wenn Sie ein Foto bei sich zu Hause machen, achten Sie auf ein aufgeräumtes Zimmer. Unordnung im Hintergrund wirkt selten gut. Auch das Badezimmer (womöglich noch mit Toilette im Hintergrund) ist als Ort Ihres privaten Foto-Shootings eher ungeeignet.

- Zeigen Sie sich nicht in einer gestellten Pose, sondern so natürlich wie möglich.

- Auch wenn sich das eigentlich von selbst versteht, erwähnen möchten wir es dennoch: Zeigen Sie niemals obszöne Bilder von sich.

- Protzen mit Statussymbolen sollte bitte nur, wer den neuen Partner genau damit ködern möchte. Aber wer will das schon?

> **Wussten Sie schon …**
>
> … dass es nur drei Sekunden dauert, bis wir entschieden haben, ob wir einen anderen Menschen attraktiv finden oder nicht?
>
> Das haben Forscher der University of Pennsylvania herausgefunden.

Das war erst einmal das Basiswissen zum Thema »ideales Profilbild«. Und hier folgen noch ein paar **Zusatztipps**:

Für die Frauen:

- ✓ Zeigen Sie Ihr Gesicht. Kämmen oder binden Sie die Haare ein bisschen nach hinten, so dass man Ihr Gesicht gut erkennen kann.

- ✓ Öffnen Sie beim Lächeln ganz leicht den Mund, so dass man Ihre Zähne etwas sehen kann. Damit wirken Sie sofort offen und zugänglich.

Für die Männer:

- ✓ Lächeln Sie leicht. Studien haben ergeben, dass Frauen weder ein zu ernstes Gesicht anziehend finden, noch mögen sie ein allzu breites Grinsen. Die Mitte macht es hier.

- ✓ Versuchen Sie, auf dem Foto schlicht zu wirken. Das wirkt anziehender, als wenn Sie sich inmitten irgendeines Reichtums zeigen oder besonders in Pose werfen.

> **Das Drama mit der Vorzeigefigur** … kennen vermutlich fast alle Frauen. Aber wir können Sie entwarnen. Die meisten Männer haben Studien zufolge nicht nur kein Problem mit Rundungen. Sie finden sie sogar sehr anziehend. Also ruhig hervorheben, statt verstecken!

Das eigene Profil erstellen

Bilder für die Galerie

Auf etlichen Dating-Plattformen sind mehrere Fotos nicht nur erlaubt, sondern sogar gern gesehen. Neben dem klassischen Porträtfoto könnten die folgenden Motive Ihre Fotogalerie bereichern und gleichzeitig einiges über Sie erzählen. Achten Sie allerdings darauf, dass jedes Foto ein anderes Motiv zum Thema hat:

- Sie tragen gern bunte Farben? Dann wählen Sie auch für eines der Fotos die entsprechende Kleidung. Vorsicht allerdings bei Pink! Das wirkt häufig zu grell.

- Zeigen Sie sich bei/mit Ihrem Hobby. Wenn Sie gern töpfern oder puzzeln oder wenn Sie Gesellschaftsspiele lieben, dann stellen Sie ein Bild ein, das Sie bei dieser Beschäftigung zeigt. Sie lieben es zu lesen? Wie wäre es mit einem Bild, das Sie gemütlich mit einem Buch in der Hand im Sessel abbildet, neben sich auf dem Tisch eine Tasse Tee? An die Männer: Vorsicht mit Bodybuilder-Pose oder gar der Langhantel als Requisit! Man wirkt damit schnell prahlerisch.

- Wenn Sie gern in der Natur sind, dann sollten Sie auch das auf einem der Fotos festhalten. Zeigen Sie sich beim Kaffee auf der mit bunten Blumen ausgestatteten Terrasse, wählen Sie ein Foto, das beim Bergsteigen von Ihnen aufgenommen wurde oder beim Skifahren. Hier können Sie auch gut ein Ganzkörperbild von sich einstellen.

- Für die Zusatzbilder können Sie sich auch mit Ihrem Haustier aufnehmen. Hunde und Katzen lassen Menschen sympathisch wirken. Abraten möchten wir Ihnen allerdings von Reptilien oder Kriechtieren. Damit wirken Sie eher verschroben als tierlieb.

Und noch etwas: Heutzutage gehört es beinahe schon zum guten Ton, dass man begeistert Sport treibt. Wer Steilwandklettern oder Wildwasser-Rafting in Wahrheit aber noch mehr hasst als der Teufel das Weihwasser, der/die sollte sich auf keinen Fall fürs Fotomotiv die neue Wanderausrüstung des besten Freundes leihen. Es soll tatsächlich auch andere Menschen geben, die in ihrer Freizeit lieber ins Theater oder Museum gehen als sich der Natur mit all ihren Widrigkeiten zu stellen. Und genau diese Gleichgesinnten möchten Sie als Sporthasser doch auch kennenlernen, oder nicht?

Ihre Zukunftspläne per Bild

Sie möchten mit Ihrem Foto (geheime) Botschaften weitergeben? Auch dazu haben wir zwei Ratschläge für Sie:

- Wer den Wunsch hat zu heiraten, der lädt ein Hochzeitsmotiv hoch. In diesem Fall ist – wohlgemerkt nur für die Fotogalerie, mit der Sie Ihr Porträt ergänzen – sogar ein Gruppenfoto der Hochzeitsgesellschaft einschließlich Brautpaar erlaubt. Allerdings sollte klar zu erkennen sein, wer auf dem Bild Sie selber sind.

- Ihren Kinderwunsch oder generell die Absicht, eine Familie zu gründen, bringen Sie zum Ausdruck, wenn Sie sich auf einem der Fotos mit einem Baby oder Kind ablichten lassen.

Der Profiltext

Wie gut kennen Sie sich? Gut genug, um sich anderen zu beschreiben? Das ist wichtig, damit der Profiltext gelingt. Zugegeben, für die allermeisten Menschen bedeutet es eine kleine Herausforderung, so eine Selbstpräsentation zu erstellen. Andererseits haben Sie bei einer Dating-Plattform viel Zeit, um an Ihrem virtuellen Porträt zu feilen. Sie können schreiben, wieder löschen, neu schreiben, so lange, bis Sie mit dem Ergebnis zufrieden sind.

Das Wichtigste: Seien Sie mit Ihren Angaben ehrlich!

Wenn auf einer Seite Basisdaten wie Alter, Körpergröße, Gewicht und Beruf erfragt werden, machen Sie korrekte Angaben. Offensichtliche Lügen (Größe, Gewicht) fliegen sowieso beim ersten Kennenlernen auf, weniger offensichtliche wie etwa die Frage nach dem Beruf möglicherweise später. Und wer möchte schon eine ernsthafte Partnerschaft auf einer Lüge aufbauen?

Der (kurze) Text in Ihrem Online-Profil ist neben einem sympathischen Bild das Erste, was der oder die andere von Ihnen zu sehen beziehungsweise zu lesen bekommt. Je nach Plattform steht Ihnen hier mehr oder weniger Raum zur Verfügung, deshalb können wir an dieser Stelle auch nur einige allgemeine Tipps weiterreichen. Wenn Sie die beachten, machen Sie aber auf alle Fälle nichts verkehrt.

> ### Singlebörse, App oder Partnervermittlung:
>
> Generell lässt sich sagen, dass für den Profiltext in Singlebörsen oder auf Dating-Apps eher weniger Raum bereitgestellt wird. Da es hier oft vor allem um einen Flirt geht und man später sieht, wie sich der dann entwickelt, spielt das Foto die weit wichtigere Rolle. Anders verhält es sich bei Partnervermittlungen:
>
> Dort gehen die Mitglieder von Anfang an selektiver vor und schauen sich die vorgeschlagenen Profile genau an.
>
> Umso wichtiger ist hier auch, dass sie entsprechend detailliert ausgefüllt werden. Man darf ruhig erkennen, dass sich jemand mit seinem Profil Mühe gegeben hat.
>
> Der durchschnittliche Profiltext in einer Singlebörse oder App (sofern der zur Verfügung stehende Raum nicht eindeutig dazu auffordert, ausführlicher zu schreiben) ist übrigens ca. 43 Zeichen lang, und das heißt: Er besteht aus einem einzigen Satz. Umso wichtiger ist es da, dass dieser Satz besonders prägnant ist. Ideal wäre eine Kombination aus liebenswert und humorvoll.

Egal, ob Sie viel oder wenig Platz zur Verfügung haben, nehmen Sie sich zum Schreiben des Textes Zeit. Ein lieblos hingepfuschtes Profil schreckt eher ab, als dass es Interesse wecken würde.

- Zwei bis drei freundliche Sätze genügen. Für die ganze Lebensgeschichte ist später noch genug Zeit.

- Sprechen Sie Ihren potentiellen neuen Partner am besten direkt an. Wählen Sie dafür das »Du«.

- Schreiben Sie den Text selber! Natürlich können Sie sich zur Orientierung zuerst einmal die Profile anderer Mitglieder anschauen. Einen Text von dort zu kopieren, macht aber zum einen keinen guten Eindruck, wenn es auffällt. Zum anderen vergeben Sie damit eine wichtige Chance, sich selbst zu zeigen.

Schauen Sie sich genau an, wie viel Platz Sie auf der jeweiligen Plattform zur Verfügung haben, und entwerfen Sie dann ein paar Textideen auf einer separaten Seite in Word. Zum einen können Sie dann nicht aus Versehen auf die »Absenden«-Taste drücken, bevor Sie mit Ihrem Entwurf wirklich zufrieden sind. Und zum anderen zeigt die Erfahrung, dass man sich besser erst einmal »warmschreiben« sollte. Denn, wie es der große Schriftsteller Ernest Hemingway einmal in Bezug auf seine literarischen Texte ausgedrückt haben soll: »Der erste Versuch ist immer scheiße.«

In aller Kürze:

- Seien Sie ehrlich.

- Formulieren Sie positiv.

- Fassen Sie sich kurz.

- Schreiben Sie einfach und klar (keine nebulösen Aussagen).

- Seien Sie konkret.

- Verzichten Sie auf Klischees und möglichst auch auf altbekannte Zitate.

- Zeigen Sie Humor.

- Schreiben Sie in ganzen Sätzen, nicht nur in Stichworten.

- Seien Sie höflich.

Die Interessen und die Ehrlichkeit

Sie lieben Regentage, die Sie mit einem Gedichtband auf dem Sofa verbringen können? Und das, wo es doch aktuell zum guten Ton gehört, jede freie Minute in der Natur und/oder mit der Optimierung der eigenen Fitness zu verbringen? Oder geht für Sie nichts über alte deutsche Schlager, die Sie nur bei verschlossenen Fenstern hören, weil das bloß kein Nachbar mitbekommen soll? Lieben Sie Kitschpostkarten mit Sonnenuntergängen?

Ja, es gibt Interessen und Liebhabereien, die als ziemlich uncool gelten. Manche sind uns regelrecht peinlich, und das, obwohl sie es gar nicht sein müssten. Denn wir tun damit niemandem weh, wir stören nicht, wir diskriminieren und beleidigen niemanden. Wir liegen nur ganz einfach nicht im Trend. Wir sind, neudeutsch ausgedrückt, nicht mainstream.

Und? So what? Vielleicht versteckt sich da draußen in den Weiten der Dating-App ja jemand, der ganz genauso uncool ist, wie Sie sich fühlen. Sehr wahrscheinlich sogar.

Es hat einfach keinen Sinn, sich als Hip-Hop-Fan auszugeben, nur weil man glaubt, damit »dazuzugehören«, wenn man bei der Musik eher reflexartig auf den Aus-Schalter drücken möchte, weil man selber nun einmal am liebsten Bachs Cembalokonzerte hört. Deshalb: Bleiben Sie authentisch. Alles andere geht sowieso spätestens beim ersten oder zweiten Treffen schief.

Positiv – negativ

Was ist denn nur mit einer positiven Formulierung gemeint? Und was wäre eine negative? Dazu zwei Beispiele:

So wäre es richtig:

- ✓ »Herzlich willkommen! Schön, dass Du mein Profil gefunden hast. Wenn Du Hunde so gern magst wie ich, haben wir schon die erste Gemeinsamkeit.«

Und so ist es falsch:

- ✗ »Naja, ich hoffe, dass mich hier überhaupt jemand entdeckt – bei so vielen Mitgliedern.«

- ✗ »Irgendwas sollte ich hier wohl schreiben, weiß aber auch nicht, was.«

Kurz und knapp

Meist erledigt sich die dreißigseitige Autobiographie ohnehin durch den Platz, der für den Profiltext zur Verfügung steht. Die Erfahrung zeigt aber auch, dass sich die meisten Nutzer von Singlebörsen und Apps für ihre erste Auswahl nur ein kurzes Bild vom anderen machen möchten. Längere Texte sind da nicht nur wenig zielführend, sie schrecken sogar ab. Weniger ist hier eindeutig mehr.

Konkret versus nebulös

In manchen Datingbörsen finden Sie im Profil Freitextfelder, in denen Sie eine konkrete Frage beantworten können. Allerdings heißt »können« in diesem Fall »sollten«. Denn unbeantwortete Fragen hinterlassen keinen guten Eindruck.

Was allerdings ebenso wenig einen guten Eindruck hinterlässt, das sind ungenaue Antworten. Zugegeben, manche Fragen lassen eher an Yellow Press als an Dating denken. »Mit welchem Prominenten würdest Du gern einmal zu Abend essen?« Wenn sie aber gestellt werden, dann überlegen Sie bitte wirklich genau und geben Sie keine Standard-Antworten à la »Barack Obama« solange Sie sich nicht wirklich für diesen Mann interessieren. Auf allseits bekannte Persönlichkeiten oder gar Stars zurückzugreifen, die jeder kennt, ist ausgesprochen unoriginell. Man macht damit vielleicht nichts falsch, man sagt aber auch nichts über sich aus.

Auch die berühmte Frage nach dem perfekten Date sollten Sie nicht einfach nur mit »romantisch« beantworten. Gehen Sie ins Detail: Wo sollte das Date am besten stattfinden? Welches Ambiente macht für Sie die Romantik aus: Ein Dinner bei Kerzenschein? Der Spaziergang im Mondlicht? Der Wald an einem nebeligen Nachmittag? Sollte Musik im Hintergrund laufen? Und wenn, welche? Ziehen Sie sich hübsch an oder haben Sie es lieber bequem?

Seien Sie ehrlich! Wenn Sie auf Stereotype zurückgreifen, bei denen Sie vermuten, dass Sie damit nichts falsch machen können, dann machen Sie auch nichts richtig.

Auch falsch: Die Frage beantworten, indem Sie den Ball an den Besucher Ihres Profils weiterreichen. Wer bei »Das mag ich – das mag ich gar nicht« mit einem »finde es doch einfach heraus« antwortet, der hat sich schlicht um eine Antwort gedrückt. Und die Chance verpasst, sich so zu präsentieren, dass genau der/diejenige Kontakt aufnimmt, der sich von den Antworten angesprochen fühlt.

 Wenn Sie sich im Profil selber beschreiben sollen, dann fragen Sie doch vorher am besten enge Freunde, wie die Sie charakterisieren. In die Selbsteinschätzung spielt oft Wunschdenken mit hinein, Sie beschreiben sich dann nicht so, wie Sie tatsächlich sind, sondern wie Sie gern wären. Ihre Freunde sehen Sie objektiver, sowohl im Positiven als auch in Bezug auf Ihre Schwächen.

Sinnsprüche und mehr

Gut gemeint, aber meist schlecht im Ergebnis sind Phrasen und allgemeine Lebensweisheiten: »Ein Tag ohne ein Lächeln ist ein verlorener Tag.« Wie oft haben Sie diesen Spruch schon auf einem Kalenderblatt gelesen? Der Satz klingt zwar positiv, ist aber so abgenutzt, dass er zu einer leeren Phrase verkommen ist. Und derlei Merkverse gibt es viele! Wenn Sie unbedingt ein Lebensmotto notieren wollen, dann denken Sie sich ein eigenes aus.

Humorvoll, aber nicht albern

Die allermeisten Menschen mögen Humor. Deshalb wirkt es immer sympathisch, wenn schon Ihr Profil Ihren Sinn für Humor zeigt. Allerdings macht hier die Dosis das Gift. Wer auf Teufel-komm-raus in jeder Zeile lustig sein will, wirkt eher anstrengend. Oder, schlimmer noch, so, als nehme er oder sie gar nichts ernst.

Und noch etwas: Versuchen Sie nicht, besonders originell zu sein, mit Betonung auf dem »besonders«. Meist ist das Ergebnis eher bemüht als wirklich einfallsreich. Wem nichts Originelles einfällt, der sollte lieber einen schlichten, dabei aber ernstgemeinten und liebenswerten Text schreiben, das wirkt authentischer.

Die liebe Höflichkeit

»Na Süße, willst Du endlich mal wieder richtig genialen Sex?« Möglich, dass Sie mit einem Anmachspruch dieser Art in einer Casual-Dating-App Erfolg hätten. Auf einer Flirtplattform schreiben Sie sich mit so einem Satz gezielt ins Aus. Auch »Hey Mädel, Du siehst echt mega aus« funktioniert nicht, selbst wenn sich dieser Aufriss(versuch) als Kompliment verkleidet.

Paare, die über eine Dating-Plattform zueinander gefunden haben und nun eine glückliche Beziehung führen, nennen als eine der wichtigsten Zutaten für die geglückte Kontaktanbahnung immer Höflichkeit und Respekt.

Deshalb (vor allem) an die Herren: Wenn Sie im Internet auf eine Frau zugehen, fragen Sie sich immer, ob Ihr erster Satz auf einer Party wohl den gewünschten Erfolg hätte. Und wenn ja, welches Ziel Sie damit verfolgen würden. Wenn die Antwort auf Frage Nummer eins »nein« lautet und im Falle eines »Ja« als Ziel »One-Night-Stand« herauskommt, Sie aber eigentlich eine dauerhafte Beziehung suchen, dann ist es der **falsche** Satz!

> **ACHTEN SIE BEIM FLIRTEN AUF GUTEN STIL!**

Vermeidbare Fehler

Keiner schreibt Ihnen? Vielleicht liegt es daran, dass Sie beim Anlegen Ihres Profils einige der folgenden Fehler gemacht haben:

- **Sie waren in Eile.**
  Mal eben schnell einen Profiltext runternudeln – das funktioniert meist gar nicht. Denn in der Regel merkt man der Selbstpräsentation den fehlenden Aufwand an. Und nimmt den Partnerwunsch des anderen entsprechend wenig ernst.

- **Sie zeigen nichts von sich.**
  Nein, die Rede ist nicht vom tief ausgeschnittenen Dekolleté. Wir meinen damit Ihre Persönlichkeit. Wer auf seinem Profil nur Gemeinplätze angibt, unter denen sich andere gar nichts vorstellen können, der weckt kein Interesse. Aber auch das Gegenteil wäre verkehrt:

- **Sie schreiben zu ausführlich.**
  Das Profil ist NICHT der Ort für Ihre komplette Biographie einschließlich der Lebensgeschichte aller Verwandten bis hin zur Uroma des Schwagers. Erzählen Sie von sich, aber langweilen Sie niemanden mit allzu ausufernden biographischen Angaben. Und: Haben Sie Mut zum Auslassen. Und zwar all jener Details aus Ihrem Leben, die Sie auch bei einem analogen Kennenlernen in der Bar niemandem sofort erzählen würden.

- **Sie wirken abschreckend.**
  Meist entsteht dieser Eindruck durch eine lange Wunschliste, wie der künftige Partner zu sein habe – und wie auf gar keinen Fall. So eine Liste wird nur noch getoppt von einem larmoyanten »Von meiner letzten Freundin bin ich tief enttäuscht worden.« Oder:

»Ich möchte nie wieder betrogen werden.« Möglicherweise denken Sie, das wecke den Beschützerinstinkt des anderen. Meist ist aber das Gegenteil der Fall: Wer möchte schon eine Partnerin/einen Partner, der gleich eine ordentliche Portion Misstrauen in die Beziehung hineinträgt?

- **Sie geben sich arrogant.**
  »Bitte keine Fragen nach meinem Beruf. Von Frauen, die Geld heiraten wollen, habe ich genug.« Jetzt wissen zwar alle, dass Sie vermögend sind, aber der Wunsch, Ihre Bekanntschaft zu machen, dürfte sich erledigt haben. Überhebliche Menschen wirken so gut wie nie sympathisch, man schreckt durch Arroganz nicht nur all jene ab, die man ohnehin nie kennenlernen wollte, sondern auch alle anderen. »Bitte nur melden, wenn in Deinem Regal mehr als zwei Bücher stehen, und das sollten keine Comics sein.« Na gut, da wünscht sich jemand einen belesenen Partner. Aber das lässt sich auch freundlicher ausdrücken.

- **Sie geben sich als Misanthrop zu erkennen.**
  Wer sich in seinem Profil als Menschenfeind zeigt, hinterlässt keinen liebenswerten Eindruck.

- **»Schreib mir lieber über Instagram!«**
  Geht es um einen neuen Partner oder darum, mehr Follower zu sammeln? So eine Aufforderung kann sehr schnell falsch gedeutet werden.

- **Sie verwenden Akronyme.**
  Darunter versteht man aus mehreren Anfangsbuchstaben zusammengesetzte Kürzel. »Vlg« (viele liebe Grüße) oder »LOL« (Laughing Out Loud). Erstens wirkt man damit unreif, zweitens und vor allem dann, wenn sich ein Akronym ans andere reiht,

wirken die Dinger penetrant. Und drittens soll es auch im Internet-Zeitalter noch immer einzelne Fossile geben, die die Auflösung dieser Abkürzungen nicht kennen. Was im Profiltext einer Dating-App im Einzelfall vielleicht gerade noch durchgeht, funktioniert bei einer seriösen Partnervermittlung auf keinen Fall.

- **Und nicht zuletzt: Sie haben eine katastrophale Rechtschreibung.**
Sie denken, es spiele keine Rolle, ob man fehlerfrei schreiben kann? Irrtum, großer Irrtum sogar. Das Thema ist im Gegenteil so wichtig, dass wir ihm einen eigenen Unterabschnitt (siehe ab S. 92) gewidmet haben.

ACHTUNG: Man kann es gar nicht oft genug sagen: Niemals, niemals, niemals die private Telefonnummer in den Profiltext schreiben! Zum einen ist das aus Gründen des Datenschutzes höchst riskant (mehr zur Sicherheit auf Dating-Portalen ab S. 168). Zum anderen wirkt es aber auch so, als sei es völlig gleichgültig, wer sich meldet. Hauptsache, man findet überhaupt endlich jemanden.

Wie bin ich denn bloß?

Humorvoll, Sie? Grundsätzlich schon. Aber so übermäßig lustig finden Sie sich im Moment eigentlich nicht.

Romantisch? Kommt drauf an. Abends bei Kerzenschein zusammenzusitzen ist schön. Der Heiratsantrag mit Kniefall muss es aber wirklich nicht sein.

Liebevoll? Das hatten Sie zumindest bisher immer über sich gedacht. Bis Ihr Ex Ihnen die Augen geöffnet und Sie als überehrgeizige Karrieristin entlarvt hat, der jede Überstunde lieber ist als eine Stunde gemeinsam mit ihm.

Sie erkennen das Muster? Jedes Mal, wenn Sie ansetzen, sich selber zu beschreiben, funkt Ihnen ein Zweifel dazwischen. Sie dachten, Sie würden sich kennen? Irrtum. »Humorlose, ichbezogene, verbissene Karrieristin sucht Mann für Beziehungsdiskussionen!« Genau das müsste dort in Ihrem Profil stehen!

Ein klarer Fall von zu vielen Selbstzweifeln.

Aber es gibt einen Trick: Schauen Sie von außen auf sich. Versuchen Sie, sich mit den Augen Ihrer besten Freundin oder Ihres besten Freundes zu sehen. Wichtig ist, dass dieser andere Ihnen wohlgesinnt ist und Ihre guten Eigenschaften und Ihre besonderen Interessen wirklich erkennt. Durch diesen Perspektivwechsel gewinnen Sie Abstand zu Ihren Zweifeln und gelangen zu einer objektiveren Einschätzung Ihrer eigenen Person.

Alles andere als unwichtig: die Rechtschreibung

Es kommt nur auf den Inhalt des Profiltextes und später auch den Inhalt der ausgetauschten Nachrichten an! Glauben Sie? Leider müssen wir Sie enttäuschen: Gute beziehungsweise weitgehend fehlerfreie Rechtschreibung wird von vielen tatsächlich für sehr wichtig erachtet.

Auch hierzu ein paar Zahlen (sie fußen auf Studien der Partnervermittlung LemonSwan):

- Für 75 Prozent aller deutschen Singles spielen die fehlerfreie Rechtschreibung und korrekte Grammatik eine wichtige Rolle. Bei dieser Gelegenheit gleich ein Tipp an die Herren: Sieben von zehn Single-Frauen schauen genau auf die Rechtschreibung des potentiellen Partners.

- Nur 10 Prozent achten weder beim anderen noch bei sich selbst auf eine gute Orthographie.

- Allerdings muss man hier noch einmal ein wenig nach Alter unterscheiden: Bei der jüngeren Generation zwischen 19 und 29 Jahren achten nur 62 Prozent darauf, ob ihr virtuelles Gegenüber fehlerfrei schreiben kann. Anders bei den Frauen zwischen 50 und 59 Jahren: Hier sind es sogar 82 Prozent, denen die Orthographie wichtig ist.

Aber warum genau ist das so? Vor allem das Profil ist ja das Erste, was man sich bei einem vorgeschlagenen Kontakt genau anschaut. Wimmelt es dort von Rechtschreibfehlern, gewinnt man schnell den Eindruck, der/die andere habe den erforderlichen Text ohne längeres Nachdenken eben mal so abgearbeitet. Und wenn man sich für die Selbstpräsentation schon keine Zeit nimmt, wie wichtig kann es einem dann sein, dem neuen Partner zu gefallen? Oder, noch weiter gefasst: Wie ernst ist es dem/der anderen wirklich mit der Partnersuche insgesamt?

Ein orthographisch fehlerfreier Text wird gern mit sauberer Kleidung verglichen. Und wer fühlt sich schon zu Menschen hingezogen, auf deren Klamotten lauter unappetitliche Flecken zu sehen sind? Hinzu kommt noch, dass Rechtschreibfehler den Lesefluss stören, Kommafehler können im schlimmsten Fall sogar dazu führen, dass man erst einmal eine Weile überlegen muss, was der/die andere uns eigentlich erzählen möchte.

Allerdings werden hier sogar noch Unterschiede gemacht zwischen Fehlern, die man schneller und solchen, die man kaum verzeiht. Was einzelne Flüchtigkeitsfehler oder die richtige Schreibweise von Fremdwörtern betrifft, sind die meisten nachsichtig. Problematischer wird es da schon …

- … bei Groß- und Kleinschreibung,

- … bei »dass« und »das« (= dieses, jenes, welches)

- … bei der Zeichensetzung

> Der häufigste Rechtschreibfehler ist die Verwechslung von »seit« und »seid«.
> **Seit** (mit t) verwendet man bei Zeitangaben:
> »Seit heute / seit gestern / seit ich Deinen Text gelesen habe …«
> **Seid** (mit d) ist eine Form des Verbs »sein« in der 3. Person Plural:
> »Seid Ihr schon fertig / Wann seid Ihr denn hier?«

Und noch etwas: Satzzeichen sind keine Herdentiere! Ans Ende einer Frage gehört genau **ein** Fragezeichen. Um einem Satz mehr Nachdruck zu verleihen, versieht man ihn mit genau **einem** Ausrufezeichen. Dasselbe gilt bei der Verwendung von Smileys: Ab und zu ein einzelner Smiley ist hübsch, zu viele wirken aufdringlich.

Das ist ja alles sehr schön gesagt, aber wer macht schon wissentlich Rechtschreibfehler? Beziehungsweise: Wie vermeidet man sie am besten? Zum einen, indem man den eigenen Text zur Sicherheit zwei-, besser noch dreimal selber durchliest. Wer sich ganz unsicher ist, kann zunächst auch in Word (vor)schreiben und die Rechtschreibkontrolle einschalten. Allerdings sollte man die falsch geschriebenen Wörter lediglich unterstreichen lassen. Wenn Sie die Autokorrektur aktivieren, können ursprünglich richtig geschriebene Worte auch zu Fehlern korrigiert werden.

Und was macht man als Legastheniker? Das Problem ist, dass Menschen mit einer anerkannten Schreibschwäche ihre eigenen Fehler auch dann nicht sehen, wenn sie ihre Texte mehrfach gründlich lesen. In diesem Fall hilft am ehesten die Flucht nach vorne: Erzählen Sie in Ihrem Profil von Ihrem Problem und bitten Sie gleich vorab um Entschuldigung für etwaige Fehler. Bei so viel Ehrlichkeit ist jemand, der sich immer noch an falscher Rechtschreibung stört, vermutlich ohnehin nicht der Richtige. Legasthenie hat nichts mit Dummheit oder mangelnder Bildung zu tun!

Aktualisieren Sie!

Halten Sie Ihr Profil aktuell. Wenn Sie beispielsweise gerade einen neuen Lieblingsfilm entdeckt haben und der Profiltext den Raum dafür bereithält, tragen Sie ihn ein. Dasselbe gilt für neue Lieblingsmusiker oder -komponisten. Aber auch wenn Sie gerade aus dem Urlaub kommen und ein neues Reiseziel kennengelernt haben, das Sie fasziniert und das Sie gern noch einmal ansteuern würden, nehmen Sie es auf.

Es sind tatsächlich diese Feinheiten, die den Unterschied ausmachen.

Viele, viele Tipps, wie man es richtig macht, eine ziemlich lange Liste mit No-Gos. Wie sollen Sie das alles bloß berücksichtigen? Keine Angst, Sie müssen keine schriftstellerische Hochbegabung unter Beweis stellen. Bleiben Sie authentisch. Wenn Ihnen das Verfassen von Texten überhaupt nicht liegt, dann schreiben Sie ganz schlicht, aber ehrlich, was für ein Mensch Sie sind und was für einen Partner/eine Partnerin Sie sich wünschen.

Und weil wir ja tatsächlich eine Menge notiert haben, das es zu bedenken gilt, hier noch zwei Vorschläge, wie Sie sich die Sache etwas erleichtern können:

Unser Tipp Nummer eins: Entwerfen Sie Ihren Text zunächst in Word und prüfen Sie ihn dann auf die Kriterien, die wir Ihnen in diesem Abschnitt an die Hand gegeben haben. Oder zumindest auf die meisten.

Tipp Nummer zwei: Gehen Sie fremd! Und zwar bei den Profilen der anderen. Lesen Sie sich so viele Profile wie möglich durch und achten Sie dabei darauf, was Ihnen gut gefällt und was nicht. Aber: Das dient nur zur Anregung. Schreiben Sie auf gar keinen Fall andere Profiltexte ab, sondern entwerfen Sie Ihren eigenen.

Gut zu wissen – die besten Zeiten

Gibt es ideale Jahres-, Tages- oder gar Uhrzeiten, um sich auf die Suche nach dem besten Match zu begeben? Diese Frage ist natürlich in erster Linie für die Nutzer von Singlebörsen oder Dating-Apps von Bedeutung, denn wer über eine Partnervermittlung sucht, ist nicht unbedingt darauf angewiesen, dass der/die andere zur selben Zeit online ist.

Und, ja, es gibt solche Zeiten:

- Generell suchen mehr Menschen zur kalten Jahreszeit – vor allem zum Jahresanfang – nach einem neuen Partner.

- Die meisten Nutzer sind von Donnerstag bis Sonntag digital anzutreffen. Ausnahme: der Montag. Ab 20.00 Uhr findet man hier die meisten Singles online. Und Ausnahme auch Freitag- und Samstagsabend. Da gehen auch partnersuchende Singles gern aus.

- Und um noch einmal bei den Uhrzeiten zu bleiben: Hochbetrieb herrscht an den angegebenen Tagen so ca. ab 21.00 Uhr, ab 22.00 Uhr ziehen sich dann die meisten wieder aus dem Netz zurück und gehen (vermutlich) ins Bett.

Sapiosexuell

Haben Sie diesen Begriff schon einmal gehört?

Bevor wir uns nun der Kontaktaufnahme und damit dem nächsten Kapitel widmen, möchten wir Ihnen noch ein Phänomen vorstellen, das mit erotischen Präferenzen und damit der Auswahl des richtigen Partners/der richtigen Partnerin zu tun hat: der Sapiosexualität.

Für die allermeisten Menschen spielt der erste Eindruck, und zwar der erste optische Eindruck die größte Rolle bei der Frage, ob sie einen Menschen sympathisch finden oder nicht. Und damit auch, ob Sie ihn/sie in die engere Auswahl ziehen. Wohlgemerkt für die meisten Menschen.

Anders verhält sich die Sache bei sogenannten Sapiosexuellen. Das Wort setzt sich zusammen aus dem lateinischen Verb »sapere« für »Wissen« und »Sexualität«. Wer sapiosexuell ist, der oder die fühlt sich von kaum etwas so angezogen – auch erotisch übrigens! – wie von der Intelligenz und dem Intellekt eines anderen. Bei diesen Menschen kann man mit gutem Aussehen, dem idealen Alter oder gar Statussymbolen nur wenig punkten. Wer dagegen jede Menge Fremdwörter in seinem Repertoire hat, wer insgesamt eloquent ist und beides auch noch bei tiefgründigen Gesprächen zum Einsatz bringt, hat alle Chancen der Welt – vorausgesetzt natürlich, die gemeinsamen Wertvorstellungen und die Chemie insgesamt stimmen.

ACHTUNG: Sapiosexualität ist, anders als etwa Homo- oder Bisexualität, keine sexuelle Orientierung im eigentlichen Sinn. Wer sich selber als sapiosexuell bezeichnet, möchte damit vor allem zum Ausdruck bringen, dass ihm Verstand und Bildung beim anderen wichtiger sind als ein durchtrainierter Körper oder ein Auto, das jede Menge Wohlstand vermuten lässt.

Übrigens können Menschen, die sich selber als sapiosexuell bezeichnen, oft wenig mit dem »Gegensatz« anfangen, zu dem man sich ja angeblich so hingezogen fühlen soll. Mit anderen Worten: Hier finden sich vor allem Gleichgesinnte. Wenn der eine Partner deutlich klüger und gebildeter als der andere ist, kann nicht nur der Gesprächsstoff schnell ausgehen, eine/r von beiden wird sich vermutlich eher langweilen, der/die andere sich dagegen immer unterlegen fühlen.

Wahrscheinlich wissen Sie selber ohnehin schon, ob Sie in diese Gruppe gehören. Für den Fall, dass Sie sich nicht sicher sind, schauen Sie sich einfach die folgenden Kriterien an:

- Sie mögen es nicht, wenn Menschen den halben Tag damit beschäftigt sind, um ihr Aussehen zu kreisen und mit Vorliebe bearbeitete Fotos von sich bei Instagram zu posten.

- Sie gehören zu denjenigen, die Rechtschreibfehler beim Chatten nicht nur stören, sondern regelrecht abschrecken.

- Oberflächliches Geplapper geht Ihnen gründlich gegen den Strich.

- Menschen, die sich nicht gewandt ausdrücken können, empfinden Sie als wenig anziehend.

- Sie lieben tiefgründige Gespräche.

- Alberner Humor ist überhaupt nichts für Sie. Stattdessen schätzen Sie das Körnchen Ironie im Wortwitz Ihres Gegenübers.

Wenn Sie den obenstehenden Aussagen mehrheitlich zugestimmt haben, dann gehören Sie vermutlich zu den Menschen, die sich als sapiosexuell bezeichnen können.

Sie interessieren sich für jemanden, der oder die sich im Profil selber als sapiosexuell bezeichnet, und fühlen sich nun doch etwas abgeschreckt? Keine Sorge, hinter dieser Selbstdefinition versteckt sich in der Regel kein zweiter Albert Einstein. Einige nutzen diese Bezeichnung inzwischen vor allem, um damit all jene abzuschrecken, deren erste Sätze aus »Hey Du!« oder »Na, was läuft?« bestehen. Mit anderen Worten: Der Ausdruck »sapio(sexuell)« wird mittlerweile auch gern benutzt, um das Interesse von Menschen zu wecken, deren Lektüre über Heftromane oder die aktuellen Auto-Magazine hinausgeht.

Die Kontaktaufnahme

Der erste große Schritt ist getan: Das Profil steht. Sie haben ein paar hübsche Fotos von sich online gestellt, einen ansprechenden Profiltext geschrieben und, sofern auf der Dating-Plattform vorgesehen, alle Fragen zu Ihrer Person beantwortet. Jetzt gehören Sie dazu, Sie sind Mitglied der Dating-Gemeinschaft, für die Sie sich entschieden haben. Sie können nun entweder darauf warten, dass jemand Sie anschreibt. Oder Sie ergreifen selber die Initiative und nehmen Kontakt zu Mitgliedern auf, deren Profil Sie ansprechend finden.

Dazu gleich ein Tipp: Schreiben Sie nicht sofort so gut wie jedem, der gerade online ist (ob das der Fall ist, wird auf den meisten Seiten angezeigt)! Sehen Sie sich stattdessen die Profile genau an und wenden Sie sich dann an diejenigen, die Ihnen tatsächlich interessant vorkommen. Auch dann, wenn der oder die in diesem Moment gerade nicht auf der Plattform aktiv ist.

Genau darin besteht ja einer der großen Vorteile des Online-Datings: Anders als in einer Bar oder einem Café kann man auf dem virtuellen Weg auch Menschen kennenlernen, die gerade nicht »vor Ort« sind. Einfach, indem man ihnen eine Nachricht hinterlässt, die sie abrufen, sobald sie sich wieder eingeloggt haben.

Und was schreibt man da jetzt am besten? Die Kontaktaufnahme mit einem oder einer Unbekannten fühlt sich für viele so an wie ein Bewerbungsschreiben. Man weiß nicht genau, wie der oder die andere wirklich »tickt«. Man möchte alles richtig machen, hat dazu in der Regel nur diese eine Chance, und dann sollte das Ganze auch noch schön kurz gehalten sein, aber doch das größtmögliche Interesse wecken. Und genau wie bei der Bewerbung um einen Job kann man davon ausgehen, dass man nicht der oder die einzige ist, die sich hier bemüht. Schwierig.

Unser Tipp: Gehen Sie das Ganze ein bisschen spielerisch an. Sie werden im Laufe der Zeit sicher mit verschiedenen potentiellen Partnern Kontakt aufnehmen. Auch wenn es unromantisch ist, aber bleiben wir ruhig beim Vergleich mit der Bewerbung: Da setzen Sie Ihre Hoffnungen ja auch nicht nur auf eine einzige ausgeschriebene Stelle. Und nicht zuletzt: Sie suchen einen neuen Partner, nicht den Sinn Ihres Lebens. Mit dieser Aufgabe wäre ein Partner ohnehin völlig überfordert. Insofern: Sehen Sie die Partnersuche als etwas Schönes an.

Die erste Nachricht

Die ganz Einfallslosen unter den Online-Datern versuchen es mit einem einfachen »Hi«. Wenn sie gerade richtig gut in Form sind, sogar mit einem »Hi Du, wie geht's?« Fragt sich nur: Was antwortet man darauf? Wenn man überhaupt antwortet (und die wenigsten werden es tun). Vielleicht »Auch hi« oder »Geht ganz gut. Und selber?«

Sie werden es schon sicher schon vermuten: So wird das nichts! Denn hier werden Null-Aussagen ausgetauscht. Weder erzählt man auf diese Weise irgendetwas über sich selber, noch zeigt man auch nur im Ansatz, warum man ausgerechnet zu diesem Mann/dieser Frau Kontakt aufnehmen möchte. Wer so angeschrieben wird, antwortet in der Regel gar nicht. Macht er es doch, wird der Kontakt vermutlich in Kürze wieder enden. Was sollte er/sie auch schreiben? Denn es bieten sich überhaupt keine Ansatzpunkte für ein Online-Gespräch. Oder würden Sie in der Bar mit jemandem einen Dialog beginnen, der mit einem simplen „na du" auf Sie zukommt?

Wenn ein Kontakt garantiert nach zwei, höchstens drei Nachrichten wieder einschlafen soll, dann versuchen Sie es damit:

So kann es funktionieren:

- ✓ Schreiben Sie jede/n individuell an.

- ✓ Zeigen Sie Interesse am anderen.

- ✓ Nehmen Sie Bezug auf sein beziehungsweise ihr Profil.

- ✓ Stellen Sie eine oder zwei Fragen.

- ✓ Wenn Ihre Kontaktaufnahme ein „Betreff" hat, schreiben Sie dort etwas Spezielleres als „Hallo" hinein.

- ✓ Seien Sie höflich.

- ✓ Gehen Sie sparsam um mit Betonungen wie Blockschrift, Ausrufezeichen oder auch Smileys.

- ✓ Verzichten Sie auf die gängigen Abkürzungen wie »LOL« und dergleichen.

Betreff: Hallo

Hallo Michael, ich bin Susi. Was machst Du gerade? Wollen wir uns mal treffen, ich habe auch eine Katze, genau wie du.

Der Dialog endet, noch bevor er hätte anfangen können. Michael antwortet nämlich gar nicht erst. Was hätte er auch schreiben können?

Betreff: Oh, ein Katzenliebhaber

Hallo Michael, Du hast da aber ein entzückendes Kätzchen auf dem Arm. Nur fürs Foto oder ist sie immer so kuschelig? Ich finde es interessant zu lesen, dass Du in Deiner Freizeit im Tierheim mithilfst. Ich habe meine Katze nämlich auch aus einem Tierheim. Wenn Du Lust hast, erzähl mir doch mal von Deiner Arbeit dort. Ach ja, ehe ich es vergesse: Ich heiße Susi, bin 28 Jahre alt und wohne genau wie Du in München.

Wenn Michael möchte, kann er nun das Gespräch aufnehmen, indem er Susi von seiner ehrenamtlichen Arbeit erzählt. Außerdem hat Susi sich vorgestellt.

Ihr Interesse am anderen zeigen Sie am besten, indem Sie auf einzelne Punkte eingehen, die Sie aus dem Profil entnehmen können. Das ist gar nicht schwierig: Schreibt jemand, dass er/sie Hunde oder Katzen liebt, dann sprechen Sie ihn darauf an. Am besten ist es natürlich, wenn Sie diese Liebe teilen. Auch auf das Lieblingsreiseziel kann man wunderbar eingehen, auf Hobbys wie Sport, Handarbeiten, Malen oder Lesen. Wenn Sie die Suche richtig angehen, werden Sie sich wahrscheinlich ohnehin für jemanden interessieren, mit dem Sie Gemeinsamkeiten feststellen. Die sind dann wunderbare Anknüpfungspunkte für einen ersten Kontakt.

Ganz wichtig: Natürlich sollten Sie auch über sich selber etwas erzählen, am besten bezogen auf das, was Sie aus dem Profil des anderen entnehmen können. Aber: Fassen Sie sich bei der allerersten Kontaktaufnahme kurz. Wer gleich einen ganzen Roman schreibt, womöglich nur über sich selber, schreckt meistens ab. Kaum jemand fühlt sich zu Selbstdarstellern hingezogen, im schlimmsten Fall versteckt sich hinter so einem mehrseitigen Sermon ein Egomane.

Und: Stellen Sie eine oder zwei Fragen, am besten auch hier solche, die sich auf etwas beziehen, das der andere in seinem Profil über sich erzählt. Mit Fragen erreicht man zweierlei: Man zeigt, dass man sich für den anderen interessiert. Und man gibt ihm/ihr gleich Gesprächsstoff für die Antwort. Dafür ist es allerdings wichtig, dass Sie eine sogenannte **offene** Frage stellen.

> **Klug gefragt**
>
> Kennen Sie den Unterschied zwischen »offenen« und »geschlossenen« Fragen? Als »offen« bezeichnet man all jene Fragen, auf die der andere mit Informationen und vor allem in kompletten Sätzen antworten kann. Auf eine »geschlossene« Frage gibt es dagegen nur die Antwort »Ja« oder »Nein«.
>
> »Magst Du Hunde?« ist eine **typische geschlossene Frage**. Denn streng genommen ist mit einem eindeutigen »ja« oder »nein« schon alles gesagt.
>
> Was gefällt Dir an Hunden ganz besonders?« ist dagegen **offen gefragt**. Denn die Antwort lässt Raum für eine mehr oder weniger ausführliche Erklärung.
>
> **Gut zu wissen:** Ideal geeignet sind alle »W-Fragen«. Das sind – wie der Begriff bereits vermuten lässt – Fragen, die mit einem W beginnen: Wer –Wie –Was – Wo – Wann – Warum.

Und auch bei der Kontaktaufnahme gilt: Seien Sie ehrlich. Es hilft Ihnen nicht viel, wenn Sie der hinreißend hübschen Klassikliebhaberin schreiben, Sie würden diese Musik auch lieben, im anschließenden Gespräch aber Beethoven für einen hippen Schuhhersteller halten.

Wenn Sie über eine Partnervermittlung suchen, bei der ja bereits im Vorfeld viele Interessen und gemeinsame Werte ermittelt werden, machen sich Fragen, die in die Tiefe einer Thematik führen, besonders gut.

So wird das nichts

- ✗ Verwenden Sie kein Copy & Paste, schreiben Sie jede/n individuell an.

- ✗ Erzählen Sie nicht seitenlang über sich selbst.

- ✗ Beziehen Sie sich nicht ausschließlich auf das Aussehen, das wirkt oberflächlich. Sie suchen ja einen Partner, kein Vorzeigeobjekt.

- ✗ Sprechen Sie den oder die andere nicht mit einem Kosenamen an. Weder »Baby« noch »Süßer« kommen besonders gut an.

- ✗ Werden Sie auf keinen Fall anzüglich! Fragen nach der Körbchengröße oder der Lieblingsstellung haben bei der Suche nach einem Partner in der Kennenlernphase absolut nichts zu suchen.

- ✗ Auch übertriebene Komplimente im ersten Anschreiben wirken wenig glaubhaft.

- ✗ Klagen Sie sich nicht über Ex-Partner und eventuelle Enttäuschungen aus. Solche Gespräche kann man, wenn überhaupt, erst führen, wenn man schon sehr vertraut miteinander geworden ist.

- ✗ Fragen Sie nicht sofort nach der privaten Telefonnummer oder einem Treffen. Das wirkt aufdringlich und im schlimmsten Fall bedürftig. Warum sollte der oder die andere jemanden treffen wollen, wenn er/sie noch gar nichts über Sie weiß? Die private Telefonnummer (genauso wie die E-Mail-Adresse oder gar die Wohnanschrift) sollte man nach Möglichkeit erst herausgeben, wenn man sich sicher ist, dass der andere damit keinen Missbrauch treibt.

✗ Und auch hier gilt: Achten Sie auf Ihre Rechtschreibung!

Vorschläge, was Sie konkret schreiben sollten, möchten wir Ihnen hier nicht machen, denn da ist Individualität gefragt. Was wir Ihnen allerdings noch mit auf den Weg geben können, sind einige erste Sätze, die Sie auf gar keinen Fall schreiben sollten:

✗ »Deine Eltern haben die Sterne vom Himmel geholt und sie in Deinen Augen versteckt.« – Dieser Spruch hat seinen Weg offenbar direkt vom Schundroman in die Dating-Plattform gefunden.

✗ »Ich bin Kellner, kann ich Dir Dein Frühstück ans Bett servieren?« – SEHR platter Anmachspruch.

✗ »Ich bin Möbelpacker und helfe Dir gern beim Ausziehen.« – noch plattere Anmache.

✗ »Wie wär's, wenn wir uns zum Kaffee treffen?« – Zwar freundlich, aber hier macht jemand den zweiten Schritt vor dem ersten.

So bitte niemals:

✗ »Hi Süße, wenn Deine Körbchengröße so genial ist wie dein Gesicht, dann muss ich Dich unbedingt kennenlernen.«

✗ »Hallo, was ich ja gar nicht gebrauchen kann, ist eine eifersüchtige oder zickige Freundin. Schlechte Laune mag ich auch nicht. Wenn Du nicht so bist, dann schreib mir mal.«

✗ »Mein letzter Freund hat mich total enttäuscht, erst hat er mich betrogen und dann auch noch verlassen. Kannst Du mir das Vertrauen in die Männer zurückgeben?«

Wenn keiner antwortet

Nun eine Nachricht, die sowohl frustrierend als auch aufbauend sein kann: Eine Studie aus dem Jahr 2009, bei der 500.000 erste Kontaktaufnahmen untersucht wurden, kam zu dem Ergebnis, dass nur ca. 30 Prozent der Frauen überhaupt auf diese erste Nachricht antworten, bei den Männern waren es immerhin 45 Prozent. Und innerhalb dieser Gruppe, die geantwortet haben, führte etwa die Hälfte weitere Gespräche.

Die ermutigende Information in der frustrierenden Prozentzahl: Viele haben einfach deshalb nicht geantwortet, weil sie ihr Profil nicht mehr genutzt, es allerdings auch nicht gelöscht haben. Die zweite Botschaft, die Sie für sich aus dieser Information herauslesen sollten: Wenn jemand auf Ihre Kontaktaufnahme nicht reagiert, dann hat das vermutlich am wenigsten mit Ihnen persönlich zu tun. Entweder sind Sie an eine »Karteileiche« geraten oder Sie gehören in diesem Fall einfach zu den ca. 70 Prozent aller Dating-Plattform-Nutzer, deren Versuche grundlos unbeantwortet bleiben.

Aber vergessen Sie nicht: 30 beziehungsweise 45 Prozent aller Kontaktaufnahmen werden beantwortet. Mit anderen Worten: Nicht an sich selbst zweifeln, sondern weitermachen!

Die Kontaktaufnahme

So geht's erst einmal weiter

Wir gehen jetzt einmal von dem Fall aus, dessentwegen Sie es mit dem Online-Dating versuchen: Der andere antwortet. Für die Frage, was nun als Nächstes an die Reihe kommt, gibt es an sich keine konkreten Regeln, aber verschiedene Möglichkeiten. Die sich übrigens auch gut miteinander kombinieren lassen:

Nachrichten per Dating-Plattform austauschen

Sie haben die Möglichkeit, sich über den Online-Dienst, bei dem Sie sich registriert haben, Nachrichten hin- und herzuschicken, ähnlich wie bei einem Chat. Das können mehrere kurze an einem Abend sein. Wenn Sie eher tiefere Gespräche als Small-Talk suchen, dann schreiben Sie sich vielleicht nur ein Mal pro Tag oder sogar nur alle paar Tage, dafür aber ausführlicher. Das hängt ganz von Ihnen und Ihrem Gesprächspartner ab.

Weiter über WhatsApp und Co.

Und natürlich können Sie auch Ihre privaten Telefonnummern austauschen und sich von nun an über WhatsApp, Telegram oder andere Messenger schreiben. Das hat den Vorteil, dass es meist schneller geht, als sich immer wieder auf der Dating-Plattform anzumelden. Und es hat auch noch einige weitere positive Seiten:

- Wenn man einander die eigene private Telefonnummer anvertraut, zeugt das von einem gewissen Interesse aneinander. Zugleich ist es auch ein Zeichen von Vertrauen.

- Sie können sich auf diesem Weg außerdem einfacher Fotos zuschicken und Videoclips oder Musik verlinken, die Ihnen besonders gut gefällt. Insgesamt wird der Austausch auf diesem Weg viel persönlicher.

Vorsicht: Natürlich kann man sich bis zu einem gewissen Punkt einfach auf seine Intuition verlassen. Sie ist häufig kein so schlechter Ratgeber bei der Frage, ob man dem/der anderen so weit vertraut, dass man einen kleinen Teil seiner privaten Daten bereits an sie oder ihn weiterreichen möchte. Trotzdem auch an dieser Stelle noch einmal unsere Warnung: Seien Sie vorsichtig und lassen Sie sich zu nichts überreden, das Sie eigentlich noch gar nicht machen möchten.

Telefonieren

Wenn Sie ohnehin schon die privaten Nummern getauscht haben, dann können Sie natürlich auch zum Handy greifen, um miteinander zu telefonieren. Auf diese Weise lernen Sie auch die Stimme des anderen kennen. Auch die ist nicht ganz unwesentlich bei der Frage, ob und wie gut uns jemand gefällt. Die Tonhöhe spielt hier eine Rolle, die Modulation, aber auch das Sprachtempo und sogar der Dialekt. Wenn Ihr Kontakt aus einer anderen Region kommt, dann wird er oder sie möglicherweise eine mundartlich geprägte Sprachmelodie haben, und auch die muss man mögen.

Und nicht zuletzt lernen Sie auf diesem Weg bereits die Gesprächskultur des anderen kennen: Kann er oder sie gut zuhören? Redet er/sie selber am meisten? Fällt er oder sie Ihnen ständig ins Wort oder lassen Sie einander aussprechen. Wer telefoniert, baut bereits eine große Hürde ab, so dass die Fremdheit beim ersten wirklichen Treffen nicht mehr so groß ist.

Alles ein großer Irrtum

Und wenn das Ganze ein Fehler war? Wenn sich der- oder diejenige beispielsweise als aufdringlich erweisen sollte und Sie lieber wieder Abstand nehmen würden? Dann beenden Sie diesen Kontakt wieder. Dabei sollten Sie so fair sein und demjenigen sagen, dass Sie das vorhaben. Einfach so abzutauchen ist kein guter Stil. Sollte Ihre Mitteilung allerdings keine Wirkung zeigen und Sie es mit einem »Telefonstalker« zu tun haben, dann können Sie die Nummer an Ihrem Handy immer noch blockieren.

Videodate

Spätestens seit der Corona-Pandemie ist so gut wie jeder damit vertraut. Die Rede ist von Videochats. Die Sorge vor einer Ansteckung ist zwar mittlerweile bei den meisten Menschen wieder vorbei. Die Videochats sind aber seitdem nicht mehr aus unserem Alltag wegzudenken. Auch nicht aus dem Dating-Alltag. Denn wer mag, kann sich auch über sein Dating-Portal per Videochat unterhalten, in diesem Fall wird aus dem Video**chat** oder der Video**konferenz** allerdings etwas viel Besseres: ein Video**date**. Der Videochat ist sozusagen ein Telefonat mit Bild. Alles, was man am Telefon über den anderen erfahren würde, erfährt man hier auch, allerdings erweitert um die wichtige Komponente des Visuellen.

Das virtuelle Treffen hat die beiden großen Vorteile, dass man sich zum einen tatsächlich vis-à-vis gegenübersitzen kann. Man sieht den anderen, seine Gestik, seine Mimik, man hört die Stimme und kann schon auf dem Weg besser als nur über Nachrichten oder Telefonate ausloten, ob und wie sympathisch man einander ist. Zum anderen muss man bei dieser Art von Date aber noch keine persönlichen Angaben wie Telefonnummer oder E-Mail-Adresse weitergeben. Und einmal angenommen, der/die andere wohnt 500 Kilometer von Ihnen entfernt, können Sie auf diesem Weg auch ohne großen Reiseaufwand schon einmal feststellen, ob die gegenseitige Zuneigung überhaupt groß genug für ein persönliches Treffen ist. Ein Videodate ist damit die ideale Verbindung aus (sicherer) Distanz und (ersehnter) Nähe.

Und so geht's:

- ✓ Vereinbaren Sie einen **festen Termin**. Klar können Sie und Ihr neuer Bekannter sich auch spontan anrufen. Das birgt aber das Risiko, dass der andere gerade in Eile und deshalb nicht mit voller Aufmerksamkeit bei dem Gespräch ist.

- ✓ Sorgen Sie dafür, dass Sie sich während des Gesprächs wohlfühlen. Schaffen Sie eine **angenehme Atmosphäre**, zünden Sie sich vielleicht eine Kerze an, setzen Sie sich auf alle Fälle an einen Platz, der Ihnen gut vertraut ist und an dem Sie es bequem haben.

- ✓ Ganz wichtig: **Räumen Sie Ihre Umgebung auf!** Zumindest so weit, wie sie von der Kamera erfasst wird. Oder wollen Sie sich Ihrem potentiellen neuen Partner inmitten Ihres Chaos präsentieren? Das kann unter Umständen charmant wirken, wenn sich Ihr Hang zum kreativen Durcheinander in Büchern und Zettelkram auf Ihrem Schreibtisch ausdrückt. Spätestens dann, wenn im Hintergrund getragene Kleidungsstücke (das absolute Knockout wäre Unterwäsche) herumliegen, schlägt aber das liebenswerte Chaos in unappetitliche Schluderei um.

- ✓ Machen Sie sich hübsch. Konkret heißt das: Ziehen Sie sich ordentlich an, richtig gestylt nur dann, wenn Sie auch in Ihrem normalen Alltag so herumlaufen, und kämmen Sie Ihre Haare. Make-up ist Geschmackssache. Nur wer sich auch sonst schminkt, sollte sich beim Videodate mit Make-up zeigen.

- ✓ Sorgen Sie für gutes Licht. Damit ist nicht der grelle Deckenfluter gemeint, aber Sie sollten unbedingt darauf achten, dass der/die andere Sie zum einen gut erkennen kann. Zum anderen gibt es kaum ein besseres Mittel als geschickte Beleuchtung, um sich im wörtlichen Sinne »im besten Licht« zu zeigen. Probieren Sie einfach ein bisschen herum. Indirektes Licht, wenn es nicht zu gedämpft ist, kann sehr vorteilhaft für Ihren ersten Video-Auftritt sein.

- ✓ Wenn Sie ein Haustier haben, überlegen Sie, ob es vielleicht besser sein könnte, es vorher aus dem Zimmer zu scheuchen. Sitzt auf der anderen Seite des Chats ein Katzenliebhaber, dann empfindet er es vielleicht sogar als sehr liebenswert, wenn das Kätzchen zwischendurch auf Ihren Schoß springt und sich an Sie schmiegt. Permanentes Hundegebell direkt neben dem Lautsprecher kann dagegen das Gespräch ziemlich erschweren.

TIPP Achten Sie darauf, dass Ihre Kamera Sie nicht von unten aufnimmt, sondern richten Sie sie leicht von oben auf sich. Manche Notebooks haben eine eingebaute Kamera, die am unteren Rand eingebaut ist. In diesem Fall lohnt sich die Investition in eine kleine separate Kamera, die Sie oben an den Rand des Notebooks oder PCs klippen können. Die hat darüber hinaus den Vorteil, dass Sie sie drehen und verschieben können, bis Sie mit dem Ergebnis zufrieden sind.

> ### Nicht reden – kochen!
>
> Nur immer zu reden ist langweilig? Wie wäre es dann zum Beispiel damit, sich zum gemeinsamen Kochen zu verabreden. Jeder in seiner Küche, versteht sich. Sie suchen sich vorher ein gemeinsames Rezept aus, jeder besorgt sich die notwendigen Zutaten. Und zur verabredeten Zeit schalten Sie beide Ihre Kameras ein und legen los. Einer von Ihnen beiden ist alles andere als ein Küchen-Champ? Kein Problem, dann gibt der Erfahrene dem Anfänger »Nachhilfe«. Das kann ziemlich unterhaltsam sein.

Und zum Schluss, auch wenn sich das gar nicht nett anhört: Ein Videodate können Sie jederzeit wieder verlassen, wenn Sie sich aus irgendeinem Grund mit dem/der anderen unwohl fühlen. Für den Fall, dass Sie Ihre »Flucht« höflich über die Bühne gehen lassen möchten – und das sollte an sich Standard sein –, legen Sie sich am besten schon vorher ein paar passende Ausreden zurecht. Ausnahmen von der gebotenen Höflichkeit gibt's natürlich immer, dazu zählen etwa sexuelle Anzüglichkeiten, um die Sie nie gebeten haben, oder Aggressionen auf der anderen Seite des Chats. In diesem Fall ist das kommentarlose Ausschalten nicht unhöflich, sondern vielleicht genau das Signal, das der/die andere schon viel früher einmal gebraucht hätte.

Das erste Date

Sie haben sich geschrieben, haben gechattet, eine Woche, zwei Wochen, vielleicht sogar ein paar Monate. Letzteres ist allerdings eher unüblich, im Durchschnitt dauert es zwischen einer Woche und einem Monat, bis die Phase des Kennenlernens vom virtuellen ins analoge Leben wechselt (siehe zu diesem Thema auch das Interview mit Christian Thiel ab S. 160). Und nun möchten Sie sich endlich einmal im »real life« begegnen.

Die innere Stimme ist wichtig: Hören Sie in der Kennenlernphase auf Ihr Gefühl. Selbst wenn Sie sich schon eine Weile mit dem oder der anderen geschrieben haben, stimmen Sie einem persönlichen Treffen nur dann zu, wenn Sie den anderen wirklich gern treffen möchten.

Liebe und Misstrauen passen nicht zusammen, finden Sie? Da haben Sie natürlich völlig recht. Wenn Sie sich aber zum allerersten Mal mit einem Menschen treffen, den Sie noch nicht kennen, dann kann ein bisschen Sicherheit nicht schaden. Deshalb unser Ratschlag:

Informieren Sie einen Freund oder eine Freundin von Ihrem Vorhaben und bitten Sie darum, Sie zu einer vorher vereinbarten Zeit anzurufen, um zu fragen, ob alles in Ordnung ist. Sie sollten Ihr Handy zwar in der Hand- oder Jackettasche lassen, aber schalten Sie es sicherheitshalber nur auf lautlos/Vibration, aber nicht ganz aus.

Natürlich können Sie dieses erste Treffen gestalten, wie Sie und Ihr Dating-Partner es möchten. Regeln gibt es dafür keine. Aber ein paar Tipps haben wir dennoch für Sie:

- Zur Vorbereitung: Wenn Sie sich in einer anderen Stadt treffen, buchen und zahlen Sie Ihr Hotel selbst.

- Am besten halten Sie Ihr erstes Kennenlernen eher kürzer. Eine Stunde sollte genügen, um herauszufinden, ob Sie einander sympathisch sind oder nicht.

- Wählen Sie fürs erste Treffen einen öffentlichen Ort: ein Café oder ein Restaurant. Oder gehen Sie gemeinsam spazieren.

- Entscheiden Sie sich für einen ruhigen Ort, an dem Sie sich aufeinander konzentrieren können. Ungeeignet sind etwa laute Szenekneipen oder auch Jahrmärkte. Wählen Sie eher »gewöhnliche« Orte. Selbst wenn Sie beide festgestellt haben, dass Sie große Saunafans sind, das erste Treffen sollte weder nackt (Sauna) noch halb-bekleidet (Schwimmbad) stattfinden, sondern ganz konventionell vollständig angezogen.

Nehmen Sie sich vor dem Termin Zeit! Wählen Sie für das erste Treffen einen Zeitpunkt, an dem Sie nicht in Eile sind. Wenn Sie es nur mit Mühe schaffen, pünktlich im Café zu sein, wenn Sie abgehetzt ankommen und mit den Gedanken noch bei der letzten Besprechung sind, vermitteln Sie der oder dem anderen das Gefühl, dass das Kennenlernen und damit auch sie/er an zweiter Stelle steht. Kein guter Einstieg.

Damit wären die Basisfaktoren geregelt. Und nun?

Ein merkwürdiges Gefühl

Da stehen Sie nun (oder Sie sitzen bereits) und warten auf einen Menschen, der eventuell Ihre große Liebe werden könnte. Jemand, mit dem Sie, wenn alles ideal verläuft, Ihr Leben teilen möchten. Jemand allerdings, den Sie zuvor noch nie persönlich getroffen haben.

Doch, das ist ein eigenartiges Gefühl.

Keine Sorge, wenn Sie das so empfinden, dann ist bei Ihnen keineswegs etwas schiefgelaufen. Sie sind auch kein hoffnungsloser Fall, nicht völlig ungeeignet für die moderne Form des Datings und erst recht nicht verklemmt. Diese Art der persönlichen Begegnung ist schlicht für viele Menschen mit einem merkwürdigen Gefühl verbunden. Es ist eine Mischung aus Präsentierteller und Bewerbungsgespräch.

Ihre früheren Partner haben Sie vermutlich auf einer Feier kennengelernt. Sind miteinander ins Gespräch gekommen, haben am nächsten Tag festgestellt, dass Ihnen der oder die andere nicht mehr aus dem Kopf gehen will. Und haben überlegt, wie um alles in der Welt Sie es anstellen können, dass Sie den/die andere/n wiedersehen können. Vielleicht haben Sie bereits während der Feier Telefonnummern ausgetauscht, vielleicht brauchten Sie die Vermittlung Ihres Gastgebers vom Vorabend. Auf alle Fälle stand am Anfang die Begegnung, die gegenseitige Sympathie. Der Rest hat sich daraus entwickelt oder auch nicht. So kennen es viele von uns noch und so, genau so geht für uns eigentlich Verlieben.

Und jetzt? Sollen Sie diesem fremden Mann die Hand geben? Ihn umarmen? Ihn vielleicht sogar mit einem Kuss auf die Wange begrüßen? Eine Regel gibt es dafür nicht. Die Hand zu geben, wirkt auf manche etwas sehr förmlich, das Wangenküsschen empfinden viele als zu vertraut. Bleibt als Mittelweg noch die kurze Umarmung.

Achten Sie auf die Körpersprache des anderen, auf den Gesichtsausdruck. Oft ergibt sich daraus die Form der Begrüßung ganz von allein.

Bei der Gelegenheit: Ausführungen zur äußeren Aufmachung – Kleidung, Make-up etc. – müssen wir in diesem Abschnitt nicht noch einmal wiederholen. Wenn Sie zu diesem Thema noch Hilfestellung brauchen, finden Sie die im vorangegangenen Kapitel über das Videodate.

Was sagt man bloß?

Und nun sollen Sie sich unterhalten. Nicht mehr via Onlinechat, den Sie jederzeit hätten beenden können, sondern ganz analog. Der/die andere sitzt keinen Meter mehr von Ihnen entfernt, die Lichtverhältnisse sind nicht mehr so vorteilhaft, wie Sie selber sie zu Hause einrichten konnten. Es ist eine ganz andere, eine viel unmittelbarere Nähe. Bevor Sie jetzt ins Schlingern geraten und entweder wild und konfus drauflos zu plappern beginnen oder, was genauso schlimm ist, vor Aufregung kein Wort mehr herausbringen, ein Vorschlag, um das Ganze zu entspannen:

- Treten Sie die Flucht nach vorne an! Sagen Sie Ihrem Gegenüber ganz einfach, dass dies Ihr erster Versuch beim Online-Dating ist und dass Sie sich etwas befangen fühlen. Ketzerisch formuliert: Wenn er oder sie darauf mit Häme, Spott, Herablassung oder sonst irgendwie unfreundlich reagiert, ist er/sie sowieso nicht passend. Oder würden Sie sich mit einem Menschen zusammentun, der so auf Ihre Offenheit reagiert?

Wenn sich die Anspannung gelegt hat oder vielleicht nie da war, dann ist ein nettes »Schön, dass wir uns jetzt endlich treffen« immer ein guter Gesprächseinstieg.

So funktioniert es

Und ab jetzt geht es ganz einfach weiter, indem Sie an die Gespräche anknüpfen, die Sie über die Dating-Plattform bereits begonnen haben. Geeignet sind alle Themen zu

- gemeinsamen Interessen,
- Sport,
- Lieblingsbüchern,
- Reisen,
- dem Beruf
- etc.

Erzählen Sie nicht nur selber, sondern hören Sie auch zu. Außerdem gilt hier wie bereits online, dass Menschen gern über sich selber sprechen. Stellen Sie also Fragen!

Bei dieser Gelegenheit eine Anmerkung: Auf manchen Online-Plattformen können Sie vorgefertigte Fragen für das erste Kennenlernen finden. Wir haben uns dagegen entschieden, Ihnen Beispiele mitzugeben. Denn wenn Sie sich daran orientieren, wird das erste Date

schnell zu einem Fragebogen, dessen Punkte man abhakt. Ein Gespräch ist aber etwas Lebendiges, das sich, wenn Sie und Ihr Gegenüber sich genug zu sagen haben, ganz von allein entwickeln wird.

Hier aber noch ein paar Tipps, die Ihnen vielleicht weiterhelfen:

- **Sehen Sie dem anderen in die Augen.** Das heißt allerdings nicht, dass Sie ihn oder sie eine Stunde lang niederstarren sollen. Wer dem Blick des anderen allerdings nur ausweicht, erweckt im günstigen Fall einfach nur den Eindruck, sehr schüchtern zu sein. Im schlechteren Fall erscheint es, als habe man etwas zu verbergen, sei also nicht offen.

- **Sprechen Sie nicht monoton in immer derselben Stimmlage.** Wenn Sie sich in der Gegenwart Ihres Dating-Partners wohl fühlen, ergibt sich dieser Punkt allerdings von allein. Denn sobald ein Gespräch lebhafter wird, sobald man sowohl über ernsthafte als auch über lustige Themen spricht, variiert man auch die Sprechweise.

- Wenn Sie nicht gerade ein erfahrener Schauspieler sind, dann wird sich Ihre gegenwärtige Laune immer auch in Ihrer **Mimik** ausdrücken. Wer allerdings frustriert, verärgert oder traurig zum ersten Date kommt, hinterlässt nicht den besten Eindruck. Deshalb hier ein ganz simpler Tipp: Sollten Sie sich tatsächlich gerade sehr ärgern oder etwas erfahren haben, was Sie traurig macht, dann sprechen Sie das einfach kurz an. Aber: Vorsicht mit ellenlangen Schimpftiraden über den blöden Chef und Vorsicht auch mit langen Klageliedern. Sollten Sie tatsächlich so niedergeschlagen sein, dass Ihnen gar nicht nach einem Treffen ist, dann sagen Sie nicht ab, das könnte vom anderen missverstanden werden, sondern gehen Sie zum vereinbarten Termin zu

Ihrem Treffen und bitten Sie darum, das erste ausführliche Kennenlernen zu einem späteren Zeitpunkt nachzuholen.

- Eng verwandt mit der Mimik ist auch die **Gestik**. Aber auch wenn Sie sich bei Ihrem ersten Treffen sehr unsicher fühlen, versuchen Sie, unruhige Bewegungen zu vermeiden. Das heißt: nicht mit dem Fuß wippen, nicht mit den Fingern auf den Tisch klopfen, nicht nervös mit Gegenständen spielen. Entspannen Sie sich! Auch wer die ganze Zeit verkrampft dasitzt und womöglich noch die Arme um den eigenen Körper schlingt, wirkt abweisend.

Das waren schon wieder ziemlich viele Tipps auf einmal. Darum folgt hier nun noch der wichtigste von allen: Merken Sie sich aus unserer Liste die Dinge, die für Sie wirklich wichtig sind. Sie kennen Ihre Schwachstellen und wissen am besten, worauf Sie achten müssen. Aber: Seien Sie Sie selbst. Wer sich beim ersten Kennenlernen so benimmt, als habe er jede Menge Regeln einstudiert, wirkt nämlich kein bisschen authentisch.

Die lieben Manieren

Achtung! Wichtig, sehr wichtig: Zeigen Sie gute Manieren!

Nein, das ist keine Herkules-Arbeit. Und man muss auch nicht den gesamten Knigge auswendig können. Es ist schon viel erreicht, wenn man weiß, dass man beim Essen nicht schmatzen oder sich mit den Fingern im Mund herumpulen sollte.

Außerdem dürfen Sie sich ruhig an die alte Regel erinnern, dass, wenn nur ein Stuhl am Tisch steht, dieser nicht automatisch für Sie selber bestimmt ist. Auch als Frau sollten Sie sich erst dann auf den einzig vorhandenen Stuhl setzen, wenn der Mann Sie dazu auffordert. Höflicher ist es allemal zu warten, bis er sich einen eigenen organisiert hat, so dass Sie sich gemeinsam hinsetzen können.

Finger weg vom Handy: Instagram, Facebook und WhatsApp sind jetzt nicht wichtig. Am besten schalten Sie den Ton ab. Eine Ausnahme dürfen hier lediglich all jene machen, die tatsächlich dringend erreichbar sein müssen, etwa alleinerziehende Mütter für den Babysitter. In diesem Fall sollten Sie Ihr Date kurz darüber informieren, warum das aufdringliche kleine Utensil eingeschaltet auf dem Tisch liegen muss.

Und so nicht

Wenn Sie bereits beim ersten Treffen ausloten wollen, wie schnell Sie mit Ihrem Dating-Partner aneinandergeraten können, dann versuchen Sie es mit Themen, die besonders polarisieren. Dazu zählen unter anderem Politik und Religion. Ausgenommen natürlich den Fall, dass die politische Einstellung Ihres Partners oder dessen Haltung zum Glauben für Sie eine zentrale Rolle spielen, etwa weil Sie selber tiefgläubig oder politisch aktiv sind.

Sehr gut, um einen anderen abzuschrecken, eignen sich auch ausführliche Vorträge über

- Krankheiten,

- sämtliche Frustrationen, mit denen Sie in Ihrem Leben schon zu kämpfen hatten, wie die ungerechte Behandlung durch Mathe-Lehrer, Chefs, das Finanzamt und Onkel Kurt.

- ✕ Ex-Partner,

- ✕ Prahlerei. Geben Sie nicht mit all Ihren beruflichen Höchstleistungen an, die Sie täglich einfahren, und schon gar nicht mit Ihrem Wahnsinnsgehalt. Solche Menschen sind nicht großartig, sondern anstrengend.

- ✕ Auch Fragen zum Thema Sex eignen sich nicht für das erste Treffen.

- ✕ Über Geld spricht man nicht? Doch, sicher kann und sollte man auch darüber sprechen. Nur nicht beim allersten Treffen.

Wenn Ihnen die Gesprächsthemen ausgehen

Das kann passieren, und dafür gibt es mehrere Gründe: Entweder fühlen Sie und Ihr Date sich nach der ganzen anfänglichen Nervosität plötzlich so erschöpft, vielleicht auch so verlegen, dass Ihnen beiden erst einmal gar nichts mehr einfällt. In diesem Fall hilft … Schweigen. Und nach einer Weile das »Problem« beim Namen nennen. Und gemeinsam darüber lachen. Stimmt die Chemie zwischen Ihnen, dann wird sich dadurch wie von magischer Hand die Anspannung wieder lösen.

Natürlich gibt es aber auch die zweite Möglichkeit: Sie haben sich einfach nichts (mehr) zu sagen. Dann dürfte sich das Thema Partnerschaft wohl geklärt haben, wenn auch nicht in der Form, die Sie zu Beginn erhofft hatten. Andererseits: Wie bereichernd ist eine Partnerschaft, in der man sich aus welchen Gründen auch immer schon am Anfang nichts zu sagen hat?

Und zum Schluss

Das erste Treffen geht zu Ende. Wenn Sie gemeinsam beim Essen oder in einem Café sind, stellt sich jetzt die etwas heikle Frage des Bezahlens. Der Herr für sich und die Dame oder die Dame für sich und den Herren oder jede/r für sich?

Ja, es kann schiefgehen. Dann etwa, wenn die Frau selbstverständlich davon ausgeht, dass der Mann sie einlädt, der Mann das aber keineswegs so geplant hatte. Aber auch dann, wenn der Mann selbstverständlich für die Frau zahlen möchte, die das aber als böses männliches Dominanzgehabe einstuft.

Zwei Fälle lassen sich einfach regeln:

Der Tipp für den Mann: Wenn Sie nicht aus Versehen als fieser Chauvinist eingestuft werden möchten, der Sie gar nicht sind, fragen Sie einfach, ob es für die Frau in Ordnung ist, wenn Sie sie einladen.

Und der Tipp für die Frau: Sagen Sie freundlich, dass Sie gern für sich selber bezahlen möchten, wenn Sie darauf Wert legen. Freundlich, weil es sonst falsch verstanden werden könnte.

Bleibt noch die Variante, dass die Frau selbstverständlich von einer Einladung ausgeht, der Mann das aber ebenso selbstverständlich ganz anders sieht. Was jetzt? Simpler Tipp an die Frauen: Rechnen Sie nicht automatisch damit. Unsere heutigen Rollenbilder geben dieses Geschlechterverständnis nicht mehr zwangsläufig vor. Sollte Ihr Begleiter die Rechnung trotzdem übernehmen, freuen Sie sich über die Einladung.

Und wie geht es jetzt weiter?

Das hängt natürlich davon ab, wie das erste Date war. Vieles ergibt sich ganz einfach von allein. Wenn die Chemie stimmt, spricht überhaupt nichts dagegen, sich gleich für ein zweites Treffen zu verabreden. Stimmt sie allerdings nicht, sollten Sie das ehrlich und taktvoll aussprechen.

Unfair ist es vor allem, wenn Sie sich bereits ganz sicher sind, dass aus Ihnen beiden nichts wird, Sie sich aber mit einer diffusen Aussicht auf ein vielleicht zweites Treffen verabschieden. Sie haben sich damit nicht etwa höflich aus der Affäre gezogen, sondern Sie überlassen den anderen der Ungewissheit. »Ich melde mich mal wieder« würden zwar die meisten als eindeutige Absage verstehen. Aber eben nicht jeder, und erst recht dann nicht, wenn er oder sie umgekehrt sich weitere Treffen sogar sehr gut vorstellen könnte. Dasselbe gilt für »Vielleicht bis bald mal« oder »Wir sehen uns bestimmt wieder mal«. Der andere verdient eine ehrliche Absage.

Aber auch wenn Sie einen guten Eindruck von diesem ersten Treffen hatten, sollten Sie im Anschluss ein paar Tipps beherzigen:

- Bombardieren Sie die oder den andere(n) nicht unmittelbar danach mit Nachrichten oder Telefonaten. Lassen Sie stattdessen selber erst einmal Ihre Eindrücke auf sich wirken.

- In manchen Partnerbörsen erhält man sogar ganz konkrete Ratschläge, wie man vorgehen sollte. Wenn das Date richtig schön war, dann schreiben Sie am besten am selben Abend noch eine kurze (aber wirklich eine kurze) Nachricht per SMS oder Whats-App, in der Sie sich für das Treffen bedanken und noch einmal sagen, wie sehr es Ihnen gefallen hat. Am nächsten Abend können Sie gern anrufen und sich erkundigen, wie es Ihrem Dating-Partner geht. Wenn Sie merken, dass die Sympathie nach wie vor gegenseitig ist, dann wäre das jetzt eine gute Gelegenheit, ein weiteres Treffen zu verabreden, sofern Sie das nicht bereits fixiert hatten. Wenn Sie sich erst am dritten Tag melden, wirkt das nicht mehr nach Interesse, sondern nach reiner Höflichkeit.

- Und **wirklich wichtig**: Machen Sie Ihrem Dating-Partner weder gleich nach dem ersten Kennenlernen einen Heiratsantrag noch erzählen Sie ihm/ihr, dass Sie sich ein Kind von ihm oder ihr wünschen. Die allermeisten Menschen schreckt diese Eile ab!

Und dann gibt es noch eine ganz andere Variante, die zwar beide sicher nicht so geplant hatten, die sich aber trotzdem sehr schön entwickeln kann: Sie und Ihr Date merken im Laufe des Gesprächs, dass Sie sich zwar sympathisch sind, aber der berühmte Funke trotzdem nicht überspringen will. Ehrlichkeit auf beiden Seiten vorausgesetzt hätten Sie dann zwar keinen neuen Partner oder eine Partnerin kennengelernt, könnten aber einen Freund beziehungsweise eine Freundin dazugewinnen. Und das wäre ja auch nicht das schlechteste Ergebnis.

Schüchtern?

Ein bisschen Nervosität gehört zum ersten Treffen dazu. Wer aber vor lauter Aufregung zittert und/oder kein Wort herausbringt, für den kann so ein Date zur echten Herausforderung werden. Deshalb haben wir ein paar Ratschläge zusammengestellt, mit deren Hilfe das erste Treffen auch allen Schüchternen gelingen kann:

Für Sie ist es ganz besonders wichtig, sich an einem Ort zu treffen, an dem Sie sich sicher und wohl fühlen.

- Wenn es Ihnen schwerfällt, gleich beim ersten Treffen viel zu reden, dann entscheiden Sie sich vielleicht für den Besuch in einem Museum. Gemeinsam über Kunst zu sprechen, ist in so einem Fall meist einfacher als sofort Gespräche über sich selber zu führen. Auch ein Konzertbesuch ist gut geeignet, um sich (immerhin gibt es ja eine Pause) ganz vorsichtig anzunähern.

- Sprechen Sie es aus! Sie haben richtig gelesen. Erzählen Sie Ihrem Gegenüber, wie unsicher Sie sich in solchen Momenten fühlen. Zum einen wird er oder sie sich dann darauf einrichten und Ihnen wahrscheinlich sogar helfen, die Anspannung zu reduzieren. Zum anderen laufen Sie aber auch nicht Gefahr, dass Ihre Schüchternheit (die sich ja meist in verlegenem Schweigen zeigt) als Arroganz oder gar fehlendes Interesse vom anderen missverstanden wird.

- Das Folgende können sich Schüchterne vielleicht überhaupt nicht von sich vorstellen, aber: Reden Sie einfach drauflos! Kann sein, dass Sie dann ein bisschen konfus sind und sich nicht immer in wohlgeordneten Sätzen ausdrücken können. Aber das ist immer noch besser, als gar nichts zu sagen. Ihr Date wird Sie vermutlich ohnehin nicht nur aufgrund Ihrer klugen Gedanken zum Wesen alles Seienden an sich mögen … Viel wichtiger sind Ihre Stimme, Ihre Gestik, Ihre Mimik und auf gar keinen Fall zu vergessen: Ihre Herzlichkeit. Wahrscheinlich haben Sie und Ihr Date ohnehin schon vorher festgestellt, dass Sie sich eine Menge zu sagen haben. Beim ersten Treffen entscheiden neben der Eloquenz noch ganz andere Dinge darüber, wie sympathisch Sie einander sind.

Und ... abmelden!

Damit Sie nicht selber zur Karteileiche werden, die zwar angeschrieben wird, aber längst schon nicht mehr auf der Dating-Plattform aktiv ist, sollten Sie sich abmelden, wenn sich das Thema Partnersuche für Sie erledigt hat. Sei es, weil Sie feststellen, dass Online-Dating einfach überhaupt nicht Ihr Weg ist. Oder sei es, weil Sie Ihr Ziel erreicht haben: die glückliche neue Partnerschaft.

Bleiben Sie dennoch auf der Plattform angemeldet oder gar aktiv, sollte Ihnen das zu denken geben. Denn das hieße, dass Sie sich ein oder mehrere Hintertürchen offenlassen möchten. Vielleicht wartet da ja doch eine noch Bessere, taucht eines Tages der noch viel perfektere Traummann auf.

Stellen Sie sich in dem Fall die Frage, ob Sie wirklich schon bereit sind für die Beziehung mit dem Menschen, an den Sie sich gerade binden wollen.

Aber vielleicht geht es gar nicht um die ewige Suche nach der ganz und gar idealen Partnerschaft. Vielleicht sind Sie einfach zu träge, um sich abzumelden. Was aber, wenn Ihr neuer Partner Sie dort entdeckt, aus welchem Grund auch immer? Gar nicht gut für die neue Beziehung. Um nicht zu sagen: Diese Entdeckung könnte – auch wenn es keinen Grund dafür gibt – der Auftakt zum ersten richtig großen Streit sein. Wenn es gut für Sie läuft. Wenn nicht, dann hatten Sie bis gerade eben eine sehr schöne neue Partnerschaft.

Also doch besser auch formal einen Schlussstrich unter das Online-Portal ziehen.

Es muss sein: Bis hierher haben wir uns den »schönen« Seiten des Online-Datings gewidmet. Wir haben Sie von der Erstellung Ihres Profils bis zum ersten Kontakt begleitet, und mit etwas Glück haben Sie Ihren Wunschpartner nun gefunden.

Aber es wäre nicht ehrlich zu verschweigen, dass die Partnersuche im Netz auch ihre schwierigen, ihre schmerzhaften und – leider auch das – ihre riskanten Seiten hat. Ihnen wenden wir uns in den folgenden Kapiteln zu. Aber bevor Sie weiterlesen: Bedenken Sie bitte, dass die Partnersuche online nicht weniger riskant oder schmerzhaft ist als die »analoge«! Auch da können Sie abgelehnt werden oder an einen Heiratsschwindler geraten. Das Internet ist kein gefährlicherer Ort als die Bar um die Ecke. Die Probleme und Risiken liegen nur an anderen Stellen. Wer sie kennt, ist vorbereitet und kann schon deshalb die schlimmsten Fehler vermeiden.

Leider doch nichts – die Absage

Manchmal wird es nichts. Obwohl es anfangs so gut ausgesehen hat mit Ihnen und Ihrem Kontakt, aber je näher Sie sich gekommen sind, umso weniger hat die Chemie gestimmt. Wenn Sie beide zu dieser Einsicht gelangt sind, dürfte alles kein Problem sein. Wenn Sie es richtig anstellen, gehen Sie freundlich und mit Respekt auseinander. Auf zum nächsten Versuch.

Schwieriger ist es dagegen, wenn nur einer von beiden merkt, dass es doch nicht für eine Partnerschaft reicht. Einen Korb zu bekommen, kann verdammt weh tun. Einen Korb geben zu müssen, wird aus genau diesem Grund zu einer sensiblen Angelegenheit. Denn in diesem Fall tun Sie dem anderen weh.

Wenn Sie einen Korb bekommen …

… dann kann das verschiedene Gründe haben:

- Der oder die andere hat im Laufe der Zeit, vielleicht sogar erst mit den ersten persönlichen Treffen gemerkt, dass es für eine Partnerschaft einfach nicht reicht. So etwas kann immer passieren, aber es fühlt sich natürlich nicht gut an.

- Ihr Online-Kontakt hat nicht nur Sie, sondern auch noch andere gedatet, und sich dann für jemand anderen entschieden. So etwas kommt vor, allerdings sollte man immer erzählen, dass man in der Kennenlernphase nicht eingleisig fährt. Das fühlt sich zwar kein Stück angenehmer an als die Bewerbung um einen Job. Wenn man aber merkt, dass man mit dieser Situation überhaupt nicht zurechtkommt, kann man sich selber rechtzeitig aus der »Bewerbungsrunde« zurückziehen.

- Sie waren in der allerersten Phase des Kennenlernens nicht authentisch. Aber je besser Sie und der/die andere sich kennenlernen, umso mehr werden Sie wieder Sie selbst – und diese Version gefällt dem beziehungsweise der anderen nicht mehr. Da hilft nur eins: Auch wenn Sie sich am Anfang natürlich von Ihrer besten Seite zeigen wollen, verstellen Sie sich nicht!

... sollten Sie

- die Absage in Würde akzeptieren. Auch wenn es weh tut, auch wenn Sie nicht verstehen können, warum der oder die andere kein Interesse mehr an Ihnen hat. Fragen Sie ruhig nach, ob etwas vorgefallen ist. Aber bitten Sie nicht darum, es doch noch weiter zu versuchen. Das geht in aller Regel schief und nachher fühlen Sie sich doppelt schlecht.

- nicht händeringend nach Ihrem »Fehler« suchen. Vielleicht erfahren Sie ja den Grund, aus dem der andere sich zurückziehen möchte. Und wenn nicht: Das passiert eben. Manchmal funkt es einfach nicht, selbst wenn man einander noch so sympathisch ist. Wenn Sie derlei Absagen allerdings immer wieder erhalten und deshalb Ihre Selbstzweifel zu groß werden, scheuen Sie sich nicht, professionelle Hilfe in Anspruch zu nehmen.

- sich nicht zu Hause vergraben und in Ihrem Selbstmitleid suhlen. Treffen Sie sich stattdessen mit Freunden, gehen Sie aus, umgeben Sie sich mit Menschen, denen an Ihnen liegt. Sprechen Sie ruhig über das, was Ihnen passiert ist. Dieser Tipp sei besonders den Männern ans Herz gelegt, die dieses »Beziehungsgequatsche« gern für sinnlos verbrauchte Worte halten. Doch, reden hilft!

Wie geht's jetzt weiter?

Sie haben ihn also bekommen, den Korb. Und jetzt? Klar, das tut weh. Manche Menschen sind davon so getroffen, dass sie von der Partnersuche erst einmal für lange Zeit Abstand nehmen. Das kann im Einzelfall gut sein, meist wird die Hürde, es noch einmal zu versuchen, aber mit der Zeit immer größer. Andere verfolgen die gegensätzliche Strategie: Nicht heulen, weitermachen! Auch das kann gut sein. Wenn aber »nicht heulen« auch »nicht nachdenken« heißt, könnte gleich die nächste Pleite drohen. Natürlich ist auch das keine Regel. Vielleicht sind Sie ja insgeheim über die Absage ganz froh. In dem Fall hätten Sie sich aber vorher nicht eingestanden, dass auch von Ihrer Seite nicht alles gepasst hat.

Vor dem nächsten Versuch ein kleines bisschen innezuhalten, über die gescheiterte Beziehungsanbahnung nachzudenken und möglicherweise auch eigene Fehler zu analysieren, kann aber sehr hilfreich sein. Die folgenden Fragen sollten Sie sich ruhig stellen:

- Haben Sie etwas überstürzt? Hätten Sie sich mit einem persönlichen Treffen vielleicht etwas mehr Zeit lassen sollen, in der Sie selber gemerkt hätten, dass die Chemie zwischen Ihnen und Ihrem Dating-Partner eigentlich nicht ideal ist?

- Kann es sein, dass Sie unbedingt eine Partnerschaft woll(t)en und deshalb gar nicht genau in sich hineingefühlt haben, ob der/die andere zu Ihnen passt? Anders ausgedrückt: Hätten Sie auf alle Fälle eine Beziehung begonnen, egal, wie gut oder schlecht Sie miteinander harmonieren, Hauptsache, ein neuer Partner?

- Ein kleiner Trost: Wenn der oder die andere Ihnen eine Absage erteilt hat, dann liegt das nicht an Ihnen. Die Konstellation hat einfach nicht gestimmt.

Hätte ich es merken müssen?

Zwar nicht immer, aber doch häufig kündigt sich die Absage an. Man will es sich nur nicht immer eingestehen. Vielleicht weil man sich unbedingt eine Beziehung wünscht. Vielleicht, weil man beruflich so eingespannt war, dass man den Kopf für nichts anderes als die Arbeit frei hatte und deshalb nicht bemerkt, dass da etwas zu Ende geht, noch bevor es richtig beginnen konnte. Wer vorgewarnt sein möchte, findet hier ein paar erste »Warnzeichen«:

- Ihr Online-Kontakt meldet sich immer seltener. Im schlimmsten Fall taucht er einfach völlig ab, das wäre dann ein klassischer Fall von »Ghosting«. Wenn Sie ohne erkennbaren Grund mehr als zwei Wochen nichts mehr vom anderen gehört haben, können Sie diese Beziehung getrost zu den Akten legen.

- Ihr Date schiebt das nächste Treffen immer wieder auf, sagt in letzter Minute ab, verschiebt den Termin noch einmal … Das kann darauf hindeuten, dass er sich nicht sicher ist. Bevor Sie das Ganze allerdings als beendet verbuchen, sprechen Sie den anderen noch einmal darauf an. Vielleicht gibt es ja objektive Gründe, die ihn/sie derzeit am Wiedersehen hindern.

- Spüren Sie keine Wärme beim anderen? Ist Ihr Date distanziert, beendet er/sie Telefongespräche immer häufiger schon nach kurzer Zeit? Das klingt ganz danach, als nehme das Interesse an Ihnen ab.

- Haben Sie den Eindruck, dass Ihr Dating-Partner sich auf nichts festlegen möchte? Dann ist er oder sie sich wahrscheinlich nicht sicher, ob Sie zueinander passen. Oder er beziehungsweise sie ist generell beziehungsunfähig. Ein klarer Fall von Schlussstrichziehen.

Unser Tipp: Bleiben Sie auch nach einer Pleite optimistisch! Gerade bei der Online-Partnersuche hat man sehr viele Möglichkeiten, die oder den Richtige(n) zu finden. Suchen Sie einfach weiter!

Selber eine Absage erteilen

Auch selber eine Absage zu erteilen, ist nicht einfach. Denn Sie wissen, dass Sie jemand anderen damit verletzen werden, je nach Persönlichkeitstypus müssen Sie sogar damit rechnen, dass er oder sie wütend wird. Dennoch möchten wir Ihnen dazu raten, eine Beziehung wirklich explizit zu beenden, schon aus Gründen der Fairness. Auch wenn es natürlich unkomplizierter wäre, einfach abzutauchen. In der Dating-Sprache spricht man hier vom »ghosten«, das heißt, man verschwindet einfach wieder, als wäre man ein Geist (ausführliche Informationen zum »Ghosting« finden Sie im nächsten Kapitel). Da das aber kein guter Stil ist, geben wir Ihnen auch hier ein paar Hilfen an die Hand, wie Sie den Schlussstrich ziehen sollten, wenn sich das berühmte Knistern einfach nicht einstellen will.

- Seien Sie feinfühlig!

- Schreiben (oder sagen) Sie Ihrem Gegenüber, dass Ihre Gefühle für ihn oder sie nicht für eine Partnerschaft ausreichen. Halten Sie sich kurz, seien Sie aber auf jeden Fall freundlich.

- Wenn Sie einzelne Punkte benennen können, die einer Beziehung im Weg stehen, dann benennen Sie die. Auf diese Weise geben Sie dem anderen etwas Konkretes mit und bewahren ihn möglicherweise vor Selbstzweifeln. Verwenden Sie in diesem Fall aber »Ich-Botschaften« (siehe dazu den Kasten!).

- Wecken Sie keine falschen Hoffnungen. Wenn Sie sich vollkommen sicher sind, dass aus Ihnen und Ihrem Dating-Partner kein Paar wird, dann sagen Sie das auch so eindeutig.

> ### Ich-Botschaften
>
> Wie der Name schon sagt, zeigt man mit diesen Wendungen, dass man nur die eigene Meinung wiedergibt und nicht eine allgemeine Ansicht.
>
> **Nicht:**
> »Du hast den falschen Beruf!«,
>
> **sondern:**
> »Du bist in deinem Beruf oft über längere Zeit unterwegs, aber ich wünsche mir einen Partner, der viel Zeit mit mir verbringt.«
>
> So formuliert fühlt sich der andere nicht abgewertet (»Du hast/du bist ...«), sondern er kann begreifen, dass seine Lebenssituation nicht zu Ihrer passt (»Ich finde/für meinen Geschmack/mein Gefühl ...«).
>
> **Falsch:**
> »Du bist langweilig.«
>
> **Richtig:**
> »Ich finde, dass deine und meine Freizeitinteressen nicht gut zusammenpassen. Ich wünsche mir einen Partner, mit dem ich ins Theater oder Konzert gehen kann, und du interessierst dich fast ausschließlich für Sport.«

Unfaire Spiele

Leider gibt es auch mehrere Arten, sich einem Online-Kontakt gegenüber wirklich scheußlich zu verhalten. Und dabei reden wir hier nicht von plumper Anmache oder einem unfreundlichen Umgangston.

In diesem Kapitel geht es um die verschiedenen Arten, wie Menschen hingehalten oder – meist ohne jede Vorwarnung – wieder fallengelassen werden. Vorab noch einmal zur (Ent)Warnung: So etwas kommt vor, ist aber nicht die Regel. Die meisten Menschen, die im Netz nach einem Partner suchen, haben ernsthafte Absichten, sind weder beziehungsunfähig noch sonst in irgendeiner Form beziehungsgestört.

Und nun zum Thema. Das hier sind die fiesesten Dating-Unarten:

Benching

Der Ausdruck »benching« leitet sich ab vom englischen »bench«, was auf Deutsch »Bank« oder auch »Ersatzbank« heißt. Wenn Sie also von jemandem gebencht werden, dann bedeutet das, Sie werden immer wieder vertröstet.

Oft hält sich ein Mensch, der andere bencht, mehrere Optionen warm. Das heißt, er pflegt Kontakte zu verschiedenen Online-Bekanntschaften, schreibt, telefoniert, schickt vielleicht auch mal ein paar Blumen oder trifft sich sogar mit einzelnen seiner Online-Bekanntschaften. Er (oder natürlich auch sie) setzt alles daran, die Flamme immer flackern zu lassen, entzündet sie aber nie wirklich. Mit anderen Worten: Er vermeidet es, sich entscheiden zu müssen.

Solche Menschen tauchen oft für längere Zeit ab, aber gerade nur solange, dass der andere diese Beziehung – die natürlich in Wahrheit gar keine ist – nicht als beendet abhaken kann. Dann kommt pünktlich der nächste Anruf oder eine besonders liebevolle Nachricht.

Aber woran erkennt man, dass man gerade in die Fänge eines Benchers geraten ist?

- Der Kontakt findet meist nur online statt, auf die Frage nach einem Treffen gibt ein Bencher meist ausweichende Antworten.

- Auch wenn Sie eine konkrete Frage stellen, etwa danach, wie der andere über Ihre Beziehung denkt, erhalten Sie keine klare Antwort.

- Auf ein nächstes Treffen legt sich ein Bencher meist erst sehr kurzfristig fest.

- Für die langen Pausen, in denen er sich nicht gemeldet hat, kennt ein Bencher eine unerschöpfliche Zahl an Ausreden.

- Trotz seines häufigen Rückzugs macht ein Bencher oft außergewöhnlich viele Komplimente.

- Sie kennen sich nun schon länger, haben sich sogar hin und wieder getroffen, aber Ihr Gegenüber erzählt fast nichts über sich.

Wie Sie sehen, läuft bei einem Bencher alles darauf hinaus, sich nicht festzulegen, Ihre Beziehung nicht verbindlich zu machen. Für so ein Verhalten gibt es ganz unterschiedliche Gründe, Bindungsangst genauso wie die Angst, Ihnen eine klare Absage zu erteilen. Manche Bencher sind auch bereits gebunden, brauchen aber den Flirt für ihr Selbstwertgefühl.

 Ihnen kommen die viele Ausweichmanöver Ihrer neuen Online-Bekanntschaft allmählich merkwürdig vor? Dann hören Sie auf Ihr Bauchgefühl.

Das sagt sich natürlich leicht, auf das eigene Bauchgefühl zu hören. Und dann?

Der erste Schritt besteht darin, sich einzugestehen, dass Sie tatsächlich an einen Bencher geraten sind. Was natürlich nicht immer ganz einfach ist, denn Bencher sind, wie bereits geschrieben, Meister im Erfinden plausibler Ausreden für ihr Verhalten. Aber selbst wenn Sie geneigt sind, einen Teil dieser Ausreden zu glauben, bleibt immer noch der Umstand, dass Sie Ihrerseits sich gern auf diese Beziehung festlegen oder sie zumindest intensivieren möchten, der oder die andere sich dem aber verweigert. Jetzt selber gekränkt in der Versenkung zu verschwinden, ist keine gute Lösung. Erstens wäre das nicht souverän, zweitens haben Sie damit nicht für klare Verhältnisse gesorgt und laufen Gefahr, dass der andere Sie wieder in seine Fänge bekommt (Stichwort: Komplimente).

Suchen Sie stattdessen das Gespräch. Aber nicht irgendeins, in dem Sie sich wieder mit einem Haufen Ausreden abspeisen lassen. Sondern fordern Sie eine klare Aussage ein: Wie soll die gemeinsame Zukunft aussehen, und zwar konkret in den kommenden Wochen und Monaten? Kann sich Ihr Gegenüber so eine Beziehung überhaupt vorstellen? Verlangen Sie eine Erklärung für das bisherige Verhalten, geben Sie sich aber auf keinen Fall wieder mit unklaren Antworten zufrieden. Sollten der andere Ihnen nun tatsächlich Gründe nennen, und sei es auch Bindungsangst, dann könnten Sie gemeinsam hier ansetzen, vorausgesetzt, der andere möchte das selber auch.

Bleibt die gewünschte Erklärung allerdings aus, ist das der Moment, an dem Sie selber unter diese Beziehung einen Schlussstrich ziehen sollten. Erklären Sie dem anderen, dass Sie den Kontakt jetzt beenden werden. Und: Halten Sie sich selber auch in Zukunft daran. Sie werden merken, dass Sie sich sofort besser fühlen, wenn Sie selber die Initiative ergriffen und eine für Sie inakzeptable Situation beendet haben.

Wichtig zu wissen: Sie sind nicht schuld daran, dass Sie gebencht wurden! Entscheidend ist nur, dass Sie in der Lage sind, sich aus einem derartigen Beziehungsgeflecht selber zu befreien. Wer dazu in der Lage ist, geht nicht als Opfer aus der Geschichte heraus, sondern als jemand, dem schlicht etwas Dummes passiert ist.

Breadcrumbing

In diesem Wort steckt das englische »Breadcrumb«, Brotkrümel. Das »Breadcrumbing« ist damit eine Variante des Benching. Anders allerdings als beim Benching, bei dem sich der andere immerhin noch um Ausreden bemüht, streut man hier tatsächlich nur noch ein paar Brotkrümel: Sie haben sich mit Ihrem neuen Date getroffen, es war schön. Und dann meldet sich der/die andere nicht mehr. Das heißt, so ganz stimmt das nicht. Denn er/sie meldet sich. Aber eben nur gerade so oft, dass Sie das Gefühl haben, nicht völlig abgeschrieben zu sein. Wer sich den anderen auf diese Weise warmhält, der schreibt ab und zu ein kurzes »Ich denke gerade an Dich«, auf das dann allerdings nichts weiter folgt. Oder man findet auf Facebook plötzlich ein Like oder ein Herzchen. Mehr nicht. Es sind eben wirklich nur Brotkrumen, die verschickt werden. In diesem Fall gilt: Beenden Sie diesen Kontakt und teilen Sie es dem anderen mit. Sollten danach noch ein paar weitere Brotkrumen für Sie gestreut werden, ignorieren Sie die einfach.

Ghosting

Diesen Begriff hat inzwischen beinahe jeder schon einmal gehört. Das englische Wort »ghost« steht für »Geist, Gespenst«. Wer geghostet wird, der hört von einem Tag auf den anderen nichts mehr von seiner neuen Bekanntschaft. Und das Gemeine daran: Das kann in jeder Phase des Kennenlernens passieren: während der ersten Nachrichten, nach dem ersten Date. Und auch noch später, nach dem ersten Sex.

Allerdings ist diese Art des Kontaktabbruchs nichts, was erst mit dem Online-Dating Einzug in unser Beziehungsleben gehalten hätte. Auch vor den Zeiten des Internets sind Menschen einfach so abgetaucht. Solange wir den anderen aber nur über die Dating-Plattform kennen, haben wir keine Möglichkeit, ihn oder sie auf ihr indiskutables Verhalten anzusprechen. Und selbst wenn man bereits private Telefonnummern ausgetauscht hat, zeigt die Rufnummernerkennung, wer gerade anruft, und wir können denjenigen ignorieren.

Auf E-Mails muss man nicht antworten, WhatsApp lässt sich blockieren, Facebook genauso. Von heute auf morgen zum »Geist« zu werden, ist also die denkbar einfachste, wenn auch denkbar fieseste Methode, sich einem Menschen ohne Erklärung zu entziehen. Für den, der geghostet wird, bleiben in der Regel eine Menge Fragen, oft genug aber auch Selbstzweifel oder im schlimmsten Fall sehr viel Schmerz zurück.

> Ungefähr jeder Vierte, der via Online-Dating nach einem neuen Partner sucht, wurde schon einmal geghostet (zur Beruhigung).
>
> Meist geschieht das bereits nach den ersten zwei ausgetauschten Nachrichten. Allerdings sind es, anders als vielleicht vermutet, vor allem Frauen, die zum Ghost werden. Im Jahr 2018 gaben in der Umfrage 25 Prozent aller Frauen an, schon einmal geghostet zu haben. Bei den Männern waren es dagegen nur 19 Prozent.
>
> Übrigens ist Ghosting vor allem ein Phänomen der jüngeren Generation. Unter den 18- bis 24-Jährigen haben 28 Prozent angegeben, schon einmal selber jemanden geghostet zu haben.

So etwas ist feige, denken Sie jetzt? Und das stimmt. Wer einen Kontakt nicht weiter fortführen möchte, sollte es dem anderen sagen und ihn nicht einfach mit einem Haufen Fragen stehenlassen. Zu ghosten ist aber eben nicht nur feige, es ist auch sehr einfach. Und bequem. Für die Frage, warum und wer auf diesem Weg einen Kontakt beendet, gibt es inzwischen ein paar Erklärungsversuche:

- Der erste Grund ist der fehlende Mut, sich vom anderen zu verabschieden und ihm zu erklären, warum man ihn oder sie doch nicht für den Richtigen hält. Man geht jeder noch so kleinen Konfrontation aus dem Weg, auch dem Schmerz des anderen muss man sich nicht stellen.

- Einige Menschen haben vor allem Bindungsangst. Sobald eine Beziehung ernster und damit auch enger wird, bekommen sie Panik und ziehen den Schlussstrich, ohne lange zu überlegen. Diese Menschen benötigen selbst psychologische Hilfe.

- Manche Menschen haben online ein völlig falsches Bild von sich entworfen. Möglicherweise wollten sie nur einmal in eine andere Identität schlüpfen, vielleicht halten sie sich im realen Leben aber auch für so unattraktiv oder uninteressant, dass sie die persönliche Begegnung scheuen. In diesem Fall bricht der Kontakt natürlich schon vor dem ersten wirklichen Date ab.

- Dann gibt es Menschen, die ein Machtgefühl daraus beziehen, dass sich jemand in sie verliebt. Diese Menschen haben nie ernsthaft eine Beziehung im Sinn gehabt, ihr Plan war von Anfang an der, zu erleben, wie gut es sich anfühlt, bewundert oder begehrt zu werden. Der Flirt hat damit einzig und allein zur Selbstbestätigung gedient. Wenn es ihnen zu heiß wird, brechen sie ihn einfach ab und verschwinden im Nichts.

- Innerhalb dieser dritten lässt sich noch eine vierte Gruppe von »Ghosts« ausmachen: diejenigen, die bereits gebunden sind. Der Online-Flirt kann ein Versuch gewesen sein, aus der alten Beziehung auszubrechen, zu dem am Ende doch der Mut gefehlt hat, er kann aber genauso gut von Anfang an nur als »Kick« geplant worden sein.

Geghostet zu werden, gehört zu den schmerzhaftesten Beziehungserfahrungen, die man machen kann. Umso wichtiger ist es, sich dem Geschehen nicht komplett hilflos ausgeliefert zu fühlen. Diese Tipps können helfen:

- Wenn Sie schon **nach den ersten Nachrichten** im Online-Portal geghostet werden, können und sollten Sie das Ganze als Fehlgriff abhaken. Dasselbe gilt für den Zeitpunkt nach dem **ersten Date**. Den meisten Menschen geht der Kontaktabbruch zu diesem Zeitpunkt auch noch nicht besonders nah.

- Laufen Sie dem oder der anderen auf keinen Fall nach! Gleichgültig, wie weit Ihre Beziehung schon gediehen war. Schreiben Sie keine Nachrichten, rufen Sie nicht an. Wer sich auf diese Weise zurückzieht, den sollte man gehen lassen. Andernfalls tun Sie ihm möglicherweise sogar noch den Gefallen, ihn in seinem Machtwunsch zu bestätigen.

- Es liegt Ihnen nicht, sich einfach wortlos abservieren zu lassen? Dann schreiben Sie eine letzte Nachricht an Ihren Ghost. Verabschieden Sie sich Ihrerseits von ihm, aber tun Sie das in klaren Worten. Um den anderen aber nicht noch zu bestätigen, machen Sie ihm oder ihr auf keinen Fall Vorwürfe, damit zeigen Sie, wie verletzt Sie sich fühlen. Denken Sie immer daran: Wenn Sie eine letzte Nachricht schreiben, dann sind Sie es, die die Beziehung beendet. Tun Sie das in Würde. Sollten Sie allerdings erst zwei oder drei Nachrichten mit Ihrem Online-Kontakt ausgetauscht haben, dann empfiehlt es sich, gar nicht zu reagieren.

- Schwierig wird es, wenn Ihre neue Beziehung schon an einem Punkt war, an dem Sie dachten, es sei dem anderen ernst mit Ihnen, also meist weit nach dem ersten Date. Sie sind verliebt, der plötzliche Kontaktabbruch kratzt nicht nur am Ego, er tut richtig weh, er lässt Sie mit einem Haufen Fragen und Selbstzweifeln zurück. Und durch die verzweifelte Suche nach Erklärungen können Sie auch keinen richtigen Schlusspunkt unter die Beziehung setzen. Achtung: Wenn Sie das Gefühl haben, mit der Situation überhaupt nicht mehr zurechtzukommen, suchen Sie sich bitte professionelle Hilfe. Psychotherapeuten sind mit dem Problem des Ghostings nicht nur vertraut, zu ihnen kommen immer mehr Patienten, die deshalb dringend Hilfe benötigen.

> **Buchtipp als erste Hilfe:**
>
> Tina Soliman:
> Ghosting. Vom spurlosen Verschwinden des Menschen im digitalen Zeitalter.
> Verlag Klett-Cotta 2019, 361 Seiten.

Auch wenn man dazu neigt: Suchen Sie die Schuld nicht bei sich. Und verlieren Sie nicht Ihr Vertrauen in eine gute Partnerschaft. Der/die nächste, den Sie kennenlernen, meint es wahrscheinlich ganz ehrlich.

Und hier folgen noch einige wenige Tipps, wie Sie sich vorm Ghosting schützen können:

- Der erste und wichtigste Schutz besteht darin, nicht gleich am Anfang zu viele Gefühle für einen Menschen zuzulassen, den Sie kaum kennen. Halten Sie innerlich einfach so lange ein wenig Abstand, bis Sie merken, dass das alles wirklich auf eine Beziehung hinausläuft.

- Wenn Sie Ihrerseits von dem anderen nicht vollkommen überzeugt sind, dann sprechen Sie diese Zweifel an oder beenden Sie den Kontakt von sich aus.

Hyping

Sie haben ihn endlich gefunden, einen Mann, wie Sie ihn sich nie hätten träumen lassen! Mr. Perfect überschüttet Sie mit Komplimenten, ist aufmerksam, ruft von sich aus an. Er schickt Ihnen prachtvolle Blumensträuße, lädt Sie zum wunderschönen romantischen Candle-Light-Dinner ein. Er legt sich zu hundert Prozent ins Zeug, nur um Sie glücklich zu machen. Das fühlt sich natürlich richtig gut an. Oder vielleicht doch nicht? Kommt Ihnen das nicht selber alles ein bisschen übertrieben vor? Denn genau das ist es.

Wir sind bei einem Verhaltensmuster angekommen, das dem Ghosting gelegentlich vorangeht: Die Rede ist vom »Hyping«. In dem Wort steckt das englische Verb »to hype«, auf Deutsch: hochjubeln, überhöhen. Der Mann (beziehungsweise natürlich auch die Frau) ist mehr als bemüht um Sie, er liest Ihnen nicht nur die Wünsche von den Lippen ab, sondern er erfüllt sie schon, noch bevor Sie selber wissen, dass Sie sie überhaupt haben. Und genau daran können Sie einen Hyper erkennen. Es ist einfach alles »too much«. Zu viel Romantik, zu große Liebeserklärungen, zu viele Geschenke. Das zweite Anzeichen, das Sie stutzig werden lassen sollte, ist die Tatsache, dass Ihr Verehrer sich viele der Dinge, die Sie ihm von sich erzählen, gar nicht merkt. Wer Interesse nur vortäuscht, der setzt sich mit dem anderen nicht besonders intensiv auseinander. Werden Sie deshalb misstrauisch, wenn Sie merken, dass Ihr Gegenüber vieles, das Sie ihm bereits erzählt haben, gar nicht weiß.

Wer einen anderen hypt, dem geht es vor allem um sich selber. Denn es ist eine großartige Bestätigung für das eigene Selbstwertgefühl zu wissen, dass man einen anderen Menschen glücklich machen kann.

Um keine Missverständnisse aufkommen zu lassen: Am Wunsch, den Partner eine Freude oder ihn sogar richtig glücklich zu machen, ist natürlich nichts Verwerfliches. Problematisch wird es erst, wenn es eigentlich gar nicht um den anderen geht, wenn nicht Zuneigung die Triebfeder ist, sondern der Wunsch, damit das eigene Ego aufzupolieren. Ist der Hyper am Ziel angekommen – und das ist er in dem Moment, wo das Objekt seiner überbordenden Liebesbekundungen hoffnungslos verliebt ist – , dann wird das Spiel langweilig. Und da es ja nie um eine ernsthafte Beziehung ging, verschwindet der Hyper einfach von der Bildfläche. Er wird zum »Ghost«.

Wenn Ihnen genau das passieren sollte – erst sind Sie die große Liebe, dann hören Sie nichts mehr vom anderen –, dann sind Sie einem Hyping zum Opfer gefallen. Das ist natürlich richtig schmerzhaft, erst recht, wenn die Liebesbekundungen vorher über alle Maßen intensiv waren. Aber machen Sie sich bitte auch in diesem Fall bewusst, dass der Fehler nicht bei Ihnen lag. Ein anderer hat Sie ohne Ihr Wissen zum Objekt für seine Selbstbestätigung gemacht.

Haunting

Und nun kommen wir zur letzten der Gemeinheiten, die beim Daten passieren können, dem »Haunting«. Das englische Verb »to haunt« bedeutet auf Deutsch so viel wie »verfolgen«.

Geht das »Hyping« dem Ghosten voran, so ist das »Haunting« eine scheußliche Masche, die jemand einsetzt, nachdem er vorher den spurlosen Abgang aus dem Leben seines ehemaligen Dates hingelegt hat. Aufs Ghosten folgt demnach in manchen besonders frechen Fällen das Haunting.

Denn derjenige (oder diejenige), der vorher ohne jede Vorwarnung und ohne Erklärung den Kontakt komplett abgebrochen, der Telefonnummern und E-Mails für sein ehemaliges Date gesperrt hatte, zieht sich selber keineswegs komplett zurück. Hin und wieder taucht er in den sozialen Medien des kommentarlos Zurückgelassenen noch auf. Liked hier und da ein Foto auf Facebook, sendet ein kleines Herzchen in der Instagram-Story. Er oder sie spukt also weiterhin im Leben des anderen herum und verfolgt ihn in gewissem Maße.

Bleibt die große Frage nach dem Warum. Auf die es allerdings keine eindeutigen Antworten gibt. Möglicherweise möchten die Haunter sehen, wie es ihrem Ex-Date jetzt geht. Vielleicht möchten sie auch die Hoffnung auf einen Neuanfang aufrechterhalten. Warum sonst spukt jemand immer weiter im Leben eines Menschen herum, von dem er sich doch auf die denkbar unfairste Weise getrennt hat?

 Versuchen Sie gar nicht erst, einen Haunter zu verstehen. Das gelingt ihm/ihr wahrscheinlich nicht einmal selber. Wer Sie ohne Erklärung sitzengelassen hat, der ist gegangen und hat es nicht verdient, dass Sie sich über ihn oder sie noch weiter den Kopf zerbrechen. Ignorieren Sie sämtliche Likes oder sonstige virtuelle Lebenszeichen des anderen.

Was sonst noch hilft:

- Entfernen Sie diese Person von allen Ihren sozialen Kanälen. Blockieren Sie, »entfreunden« Sie sich bei Facebook. Machen Sie dem Haunter den Zugang zu Ihrem Leben auf Social Media soweit es geht unmöglich.

- Eine andere Möglichkeit besteht darin, dass Sie sich selber eine Zeitlang aus den sozialen Medien zurückziehen. Nach einer Weile dürfte es Ihrem Verfolger zu langweilig werden, nach Lebenszeichen von Ihnen Ausschau zu halten.

Sie haben dieses Kapitel komplett gelesen und sind nun zu der Überzeugung gelangt, dass Sie doch lieber die Finger vom Online-Dating lassen werden? Das wäre ein Fehlschluss. Denn bei genauer Betrachtung sind viele dieser gemeinen Dating-Trends nichts Neues, sie treten online nur im neuen Gewand auf, und das heißt vor allem: mit hübschen neuen Ausdrücken. Auch aus Partnerschaften, bei denen sich beide »analog« kennengelernt haben, kann man sang- und klanglos verschwinden. Neu im Zeitalter der Rufnummernerkennung ist nur die Möglichkeit, die Anrufe des Verlassenen gar nicht erst anzunehmen. Neu in der Social-Media-Ära ist die Option, per Likes oder Kommentaren weiterhin am Leben des anderen teilzuhaben und sich ihm gleichzeitig zu entziehen. Aber auch Menschen, die man auf einer Party oder beim Sport kennenlernt, können ihre neue Beziehung vor Freunden und Verwandten geheim halten. Auch »analog« findet man Beziehungsunfähige und Verheiratete. Sie sehen: Im Grunde genommen ist das alles nichts Neues. Neu (aber auch gar nicht mehr so neu) ist nur die Möglichkeit, Partner online kennenzulernen. Und die lässt sich sowohl vor- als auch nachteilig nutzen.

Deshalb: Seien Sie vor den Fallstricken gewarnt, aber sehen Sie die große Anzahl an Vorteilen und Möglichkeiten, die Online-Dating bereithält.

Einige Fragen an den Experten

Dies Bildnis ist bezaubernd schön … singt Prinz Tamino in W.A. Mozarts Oper »Die Zauberflöte« und verliebt sich auf der Stelle in das Porträt von Pamina, der Tochter der Königin der Nacht. Ein paar Bewährungsproben müssen die beiden zwar noch bestehen, aber ab dem Moment mit der Zeichnung ist klar: Sie gehören zusammen! Und nicht nur Opern, auch Filme wie »Schlaflos in Seattle« kultivieren den Mythos, ein Bild, eine Stimme, eine E-Mail reichen aus, um den einzig Richtigen zu erkennen.

Ganz anders sieht das hingegen der Single-Berater Christian Thiel. Er ist Deutschlands führender und zugleich »dienstältester« Singlecoach und berät in seiner Praxis in Berlin Alleinstehende auf ihrem (Irr)Weg in eine neue Partnerschaft. In diesem Exklusiv-Interview erklärt er, wie man es anstellen muss, wenn man bei der Online-Partnersuche Erfolg haben möchte, und warum die Sache mit dem Bild nicht funktionieren kann.

Für wen sind Ihrer Meinung nach Online-Partnerbörsen geeignet?

Thiel: Im Grunde genommen für jeden. Es gibt an sich kaum einen Typus Mensch, dem ich vom Online-Dating abraten würde. Denn die »Gefahren«, online an den Falschen zu geraten, die findet man ja im realen Leben alle auch: Menschen, die verheimlichen, dass sie längst gebunden sind, Beziehungsunfähige, Gewalttätige etc. Das Internet ist kein Tummelplatz für Betrüger. Online-Partnerbörsen werden besonders von Menschen genutzt, die einen gewissen Zeitdruck aufgrund ihres Alters haben. Sprich: Männer und Frauen ab 35 Jahren, die eine Familie gründen und Kinder bekommen möchten. Diese Menschen gehen natürlich dorthin, wo die meisten Singles anzutreffen sind, und das ist nun einmal inzwischen das Internet. Dagegen ist absolut nichts einzuwenden. Dasselbe gilt aber natürlich auch für Menschen, deren Familienplanung abgeschlossen ist, die beispielsweise mit 50 wieder Single sind und sich neu binden möchten.

Zu Ihnen als Single-Berater kommen in erster Linie Menschen, die bei der Partnersuche keinen Erfolg haben. Was machen die verkehrt?

Thiel: Man kann tatsächlich mehrere Fehler machen bei der Online-Suche. Den größten sehe ich darin, dass manche Menschen völlig wahllos ganz viele Mitglieder anschreiben und sich dann auch mit ihnen treffen. Hauptsächlich, weil ihnen das Foto des anderen gefallen hat. Ein »süßes Foto« ist aber absolut kein hinreichender Grund, um einen anderen kennenlernen zu wollen. In diesem Fall liegt die Wahrscheinlichkeit, dass es zwischen den beiden beim Treffen nicht funkt, bei 999 zu 1.

Und das erleben Sie in Ihrer Praxis?

Thiel: Sogar sehr oft. Zu mir kommen Singles und berichten, dass sie in drei Monaten 20 Dates gehabt hätten, aber keiner dieser Männer oder Frauen hätte sich später für sie interessiert. Und wenn doch einmal einer oder eine Interesse hatte, dann war es für meinen Klienten der Falsche. So kann das meiner Ansicht nach auch gar nicht funktionieren: Wer wahllos Hinz und Kunz datet, programmiert den eigenen Misserfolg im Grunde genommen schon vor.

Ihr Tipp für solche Klienten?

Thiel: Der Weg zu mehr Erfolg liegt in der besseren Vorauswahl, und zwar eindeutig nicht auf der Basis eines hübschen Fotos.

Sondern …

Thiel: Es kommt auf das Profil an. Nur ein gut ausgefülltes Profil lässt mich erkennen, ob dieser Mensch, der auf den ersten Blick attraktiv wirkt, auch tatsächlich zu mir passt. Das ist einer der Gründe, weshalb ich zu den Qualitätsanbietern rate, bei denen die Mitglieder ein etwas detaillierteres Profil ausfüllen können. Denn um es ganz deutlich zu sagen: Es ist nicht möglich, nur aufgrund eines Fotos eine Auswahl zu treffen. Deshalb habe ich auch große Vorbehalte gegen das sogenannte Swipen. Wie jemand wirklich wirkt, entscheidet sich erst, wenn Gestus, Mimik, Stimme und überhaupt die gesamte Persönlichkeit dazukommen. Und vor allem sagt ein Foto noch gar nichts darüber aus, ob der Mensch von seinen Interessen, Vorlieben und seinen Wertvorstellungen her zu mir passt. Das erfahre ich nur über das Profil.

Nun haben zwei Menschen über ihre Profile festgestellt, dass sie gut zueinander passen könnten. Und jetzt? Einander schreiben und sich erst einmal online besser kennenlernen?

Thiel: Genau davon rate ich ab. Was soll bei einem wochenlangen Austausch von Nachrichten oder bei wiederholten Videochats herauskommen? Entweder, der andere gefällt mir auf Anhieb, dann sollte ich ihn oder sie so schnell wie möglich persönlich treffen. Oder er ist nur so halbwegs okay, dann sollte ich ihn gar nicht treffen, sondern den Kontakt wieder beenden. Ich erlebe viele Singles, die ihre gesamte Freizeit mit Chatten verbringen. Sie haben jemanden kennengelernt, von dem sie nicht hundertprozentig überzeugt sind. Aber sie chatten weiter in der Hoffnung, dass sie sich vielleicht geirrt haben und der andere doch noch Seiten von sich zeigt, die ihn passender machen. Das klappt aber in aller Regel nicht. Eine weitere Gefahr des zu langen Chattens ist die, dass man sich auf diese Weise

ein Bild vom anderen aufbaut, an dem man festhält, wenn man ihn oder sie tatsächlich trifft und eine Partnerschaft beginnt. Sollte dieses Bild aber falsch sein, dauert es oft viele Monate bis zu eineinhalb Jahren, bis man sich das eingesteht und die Beziehung wieder auflöst. Und dann gibt es noch ein drittes Risiko beim zu langen Chatten: Man kann nämlich auch an einen Menschen geraten sein, der den Chat dazu nutzt, sich einfach mal auszusprechen, aber gar nicht auf Partnersuche ist.

Und was steckt hinter diesem Verhalten?

Thiel: Oft sind diese Menschen Sozialphobiker. Sie suchen durchaus Kontakt, aber ihnen genügt der rein virtuelle. Beziehungsweise haben sie Angst, einen Chatpartner auch von Angesicht zu Angesicht zu treffen. Diesem Typus begegnet man übrigens gar nicht so selten. Ein anderer Fall sind diejenigen, die ein Lügenkonstrukt von sich aufbauen, weil sie sich so, wie sie sind, für uninteressant halten. Um das gut hinzubekommen und herauszufinden, wen der andere sich wünscht, muss man erst einmal viel schreiben, viele Infos austauschen.

Ihr Tipp wäre also der, sich so schnell wie möglich zu verabreden?

Thiel: Auf jeden Fall! Ich halte drei Mails oder Nachrichten für ausreichend. Entweder interessiert mich der andere dann so sehr, dass ich ihn sehen möchte, oder er ist ohnehin nicht der Richtige. Wenn es aber mit dem persönlichen Kennenlernen nicht so eilt, dann gibt es dafür meistens Gründe. Möglicherweise werden die emotionalen Bedürfnisse schon durch das Schreiben zufriedengestellt und es geht gar nicht um eine richtige Partnerschaft. Oder der andere ist bereits gebunden. Um sicherzugehen, dass man nicht in einer ewigen Chat-Beziehung landet, sollte man den anderen nach ungefähr drei ausgetauschten Nachrichten um ein Treffen bitten. Weicht er oder sie dann aus, rate ich dazu, den Kontakt sofort zu beenden.

Und wie ist es mit dem vorsichtigen Kennenlernen per Nachrichten, Chat oder Telefon?

Thiel: Online-Partnerbörsen sind nicht dazu da, um jemanden gut kennenzulernen, sondern sie dienen ausschließlich dazu, um eine mögliche Partnerschaft zu vermitteln. Das eigentliche Kennenlernen findet dann in der Realität statt.

Manche Börsen treffen ja über ihre Algorithmen eine Vorauswahl.

Thiel: Auch die Algorithmen der Datingbörsen können nicht dafür garantieren, dass man sich tatsächlich ineinander verliebt. Sie können lediglich diejenigen im Vorfeld aussortieren, in die man sich ganz sicher nicht verlieben würde. Matching-Punkte hin oder her: Nicht die Plattformen stellen das Match her, sondern die Profile der Teilnehmer. Wenn beide Seiten feststellen, dass ihnen das Profil des anderen richtig gut gefällt, dann und erst dann haben sie ein Match, nicht bereits durch die Vermittlung, die der Algorithmus erstellt. Ich lese ihr Profil und bin begeistert, sie liest mein Profil und ist begeistert. Und dann haben wir beide ein Match. Dieses »begeistert sein« ist ein sehr, sehr wichtiger Aspekt. Es genügt nicht, wenn einem das Profil des anderen nur »so ganz gut« gefällt, dann landet man wieder bei der Wahllosigkeit. Es muss begeistern. Wer nicht wählerisch vorgeht, erlebt eine Menge Unsinn und eine Menge Frust. Mein Job als Singleberater besteht in diesem Fall darin, meinen Klienten abzugewöhnen, dass sie jedem eine Chance geben wollen, der irgendwie so halbwegs passt. Wer jeden trifft, der macht das Daten zur Lebensaufgabe, ohne tatsächlich einen Partner zu finden.

Wie viele Dates sollten es denn werden?

Thiel: Ich denke, mehr als ein bis zwei Dates im Monat sind unrealistisch, wenn man tatsächlich selektiv vorgeht. Und selbst diese Zahl ist schon recht hoch.

Ganz andere Frage: Was halten Sie vom Sex gleich beim ersten Date?

Thiel: Nichts. Zumindest dann nicht, wenn man nicht nur auf einen One-Night-Stand aus ist. Es spricht natürlich grundsätzlich nichts dagegen, jemanden zu treffen und am selben Tag intim zu werden. Aber allen, die nicht nur schnellen Sex, sondern eine stabile Partnerschaft suchen, rate ich, sich lieber ein paar Mal zu treffen. Dann merkt man in aller Regel schon, ob man zueinander passt oder nicht. Und erspart sich den Schritt in die falsche Beziehung oder in die Intimität, die anschließend im Nichts endet. Die richtige Reihenfolge ist: erst kennenlernen, dann verlieben, dann Sex. Dabei ist es übrigens auch gleichgültig, ob man sich online oder in der Realität kennenlernt. Bei der Gelegenheit noch ein wichtiger Tipp: Man sollte bei diesen ersten Treffen auf Alkohol verzichten. Der fungiert oft als »Brandbeschleuniger«, man landet mit jemandem im Bett und bereut es am folgenden Tag.

Was macht man, wenn man online zufällig auf jemanden mit dem »idealen Profil« trifft, und der oder die wohnt Hunderte Kilometer entfernt?

Thiel: Ich rate davon ab, so einen Kontakt aktiv zu suchen. Wenn man sich zufällig kennenlernt, im realen Leben, und dann feststellt, dass man weit voneinander entfernt lebt, ist das die eine Sache. Aber bei der Online-Suche sollte man gezielt in der eigenen Stadt suchen, maximal noch in einem Umfeld bis zu 100 Kilometern. Wenn man umgekehrt von jemandem angeschrieben wird, der am anderen Ende des Landes oder sogar im Ausland lebt, besteht das Risiko, dass er oder sie nur flirten möchte. Er hat sich also gezielt nach jemandem umgesehen, der weit genug entfernt wohnt, so dass man sich so schnell nicht treffen wird. Und selbst wenn beide wirklich eine Beziehung möchten, bleibt immer noch die Tatsache, dass jeder an seinem Wohnort eine Arbeit und sein soziales Umfeld hat. Wer von beiden gibt das nun auf und zieht zum anderen? Natürlich kann so etwas auch in einzelnen Fällen funktionieren. Aber sehr, sehr oft funktioniert es eben nicht.

Die abschließende Frage: Was halten Sie insgesamt vom Online-Dating? Chance oder Zeitverschwendung?

Thiel: Für mich ist das gar keine Frage. Ich sehe das Online-Dating als eine tolle Möglichkeit, wirklich interessante Menschen kennenzulernen.

Weiterführende Infos ....

Sie finden Christian Thiel im Internet unter: **www.singleberater.de**

Bücher von Christian Thiel (Auswahl):

- Wer passt zu mir? Das Geheimnis der erfolgreichen Partnerwahl – Er + Sie = Herz. Humboldt-Verlag 2012, 192 Seiten

- Suche einen für immer und ewig. Wie Sie den Partner finden, der wirklich zu Ihnen passt. Campus-Edition 2014. 216 Seiten

Blog: Herzenssache 365
Podcast: Die Sache mit der Liebe

Sicherheit bei der Partnersuche im Netz

Vorsicht und Sicherheit – dazu kommen wir nun. Wir wollen Ihnen zum Schluss nicht den Spaß daran verderben, sich die Möglichkeiten des Online-Datings zu erschließen. Wir möchten nur darauf hinweisen, dass hier auch ein paar Risiken lauern können, falls man allzu sorglos ist. Aber machen Sie sich keine Sorgen: Mit ein paar Kniffen und ein wenig Wissen sind Sie geschützt vor möglichen Widrigkeiten. Also wappnen wir uns!

Welche Informationen sollte man nicht preisgeben?

Ständig lesen wir von Datenschutz und wie wichtig er ist. Beim Online-Dating ergibt sich da ein Problem. Denn schließlich wollen wir unser Gegenüber kennenlernen, und die andere Seite will das mit uns ja auch. Wäre sonst ja witzlos, oder? Wir suchen Partner, und das funktioniert halt nur, wenn wir auch persönlich werden. Auf der anderen Seite wollen wir uns ja nicht irgendwelchen Spinnern ans Messer liefern, die unsere Angaben missbrauchen.

Auch die Dating-Portale wollen Informationen über uns. Oft ist es freigestellt, welche Angaben wir machen und was wir auslassen. Sollen wir da eher detailliert antworten oder uns bedeckt halten? Buddha hilft bei der Lösung: Wählen wir die goldene Mitte. Bei ein paar Informationen sind wir zurückhaltend, aber wir sollen nicht unser ganzes Leben geheim halten. Sonst macht es ja auch keinen Spaß. Also, Butter bei die Fische: Was sind die Ausnahmen? Wo sind wir vorsichtig?

Allgemein lässt sich sagen, dass die Portale Sie detailliert nach Ihrer Person fragen, um ein möglichst genaues Porträt von Ihnen zu ermöglichen. Schließlich möchten ja auch Sie etwas über die anderen

Teilnehmer erfahren. Auf der anderen Seite sind Daten Geld wert. Manche Site kann damit ordentlich verdienen. Stichpunkt: Werbung. Es muss übrigens in den Allgemeinen Geschäftsbedingungen (AGB) stehen, ob ein Portal Ihre Daten verkaufen darf und wozu. Hier lohnt sich ein genauerer Blick in die AGB. Manchmal gibt es auch ein Kästchen, wo man den Verkauf an Dritte untersagen kann. Dann können Sie das guten Gewissens tun. Falls die Angaben zum Erheben, Speichern und Veräußern der Informationen schwammig klingen sollten, kann das ein Signal zur Vorsicht sein, diesen Anbieter lieber nicht zu wählen.

Über das Private hinaus geht **das Intime**. Also die Sphäre Ihrer persönlichsten Gedanken und Gefühle. Hier sind wir alle besonders verletzlich. Das ist ein Teil von uns, den wir schützen sollten. Diesen innersten Bereich behalten wir also für uns, bis wir jemanden wirklich gut kennen, und manchmal auch dann noch. Auf Dating-Plattformen hat die Intimsphäre jedenfalls nichts zu suchen. Sie mögen sich denken: So etwas würde ich ohnehin niemals in mein Profil schreiben! Dorthin vielleicht nicht. Leider lassen aber manche Menschen alle Vorsicht fahren, wenn sich ein Online-Kontakt ergibt und der andere sehr vertrauenswürdig erscheint. Ihre Intimsphäre braucht jedoch niemand, um sich ein Bild von Ihnen zu machen, ja nicht einmal, um Sie näher kennenzulernen.

Dann wären da **Telefonnummer und Adresse**. Wenn Sie jemanden online kennenlernen, dann kann es sich mitunter anbieten, sich zum Beispiel per WhatsApp auszutauschen. Dazu müssten Sie sich gegenseitig die Handynummer nennen. Das sollten Sie allerdings erst tun, wenn Sie sich sicher sind, dass Sie das Gegenüber auch intensiver kennenlernen wollen. Also erst nach einer Weile. Es ist sonst ärgerlich, wenn der andere sich als Störenfried erweist. Denn einen Menschen, den man noch nie getroffen hat, kennt man noch nicht so gut wie jemanden, den man direkt einschätzen kann. Ohne Vertrauen geht es natürlich nicht. Sonst würde man sich ja nie treffen.

WICHTIG: Im Internet und auch in Ihrem Profil haben **Anschrift** und **Handynummer** nichts zu suchen! Manche Nutzer denken, sie seien schlau und sparten Geld, wenn sie die Mobilnummer öffentlich im Profil angeben und damit kostenpflichtige Bereiche der Dating-Anbieter umgehen. Das kann nach hinten losgehen. Aus demselben Grund, warum auch **vollständiger Name** und **Wohnort** nicht in den öffentlichen Bereich gehören: Im schlechten Fall geraten Sie dabei an schamlose oder penetrante Anrufer oder gar Besucher. Daher alles ganz entspannt angehen und Privates privat sein lassen!

Mit diesem Hinweis wollen wir Ihnen nicht madig machen, sich später auf WhatsApp & Co. auszutauschen. Nur, wie erwähnt: Am besten tun Sie das erst, wenn Sie Ihr Gegenüber schon ein wenig einschätzen können.

Was auch nicht in den öffentlichen Bereich gehört, sind Ihre **sexuellen Vorlieben**. Und auch Fragen von **Hetero- oder Homosexualität** gehen keinen etwas an, der danach frei googeln kann. Unter anderem auch nicht Ihren Arbeitgeber. Aus demselben Grund empfehlen wir, mit **religiösen oder politischen Grundüberzeugungen** nicht öffentlich hausieren zu gehen. Falls Sie eine **berufliche Mail-Adresse** haben – bitte trennen Sie Privates und Beruf auch beim Online-Dating. Nutzen Sie also ganz entspannt eine private Adresse.

Dann **zum lieben Geld**: Es gibt genug seriöse Seiten, bei denen Sie sich keine Sorgen zu machen brauchen, dass man Sie finanziell übers Ohr haut. Fragwürdige Portale können sich dadurch verraten, dass sie sofort nach der Anmeldung nach Ihren Kontodaten fragen. Das allein reicht zwar noch nicht aus, um dubiose Geschäftspraktiken nachzuweisen, aber Sie können **einen ganz pragmatischen Weg** wählen: Richten Sie sich für Ihre Online-Partnersuche einfach ein Prepaid-Konto ein. Das können Sie bei Bedarf mit einem kleineren Betrag aufladen. Bitte achten Sie rein aus kluger Vorsicht darauf, dass Fremde keinen Zugriff auf Ihr Bankkonto haben. Falls sich der Dating-Anbieter als halbseiden herausstellen sollte, guckt auch er bei Ihrem Geld dumm durch die Wäsche. Genauso zweckdienlich sind Dienste wie PayPal, wegen des Käuferschutzes, oder Klarna und Paysafe-Karten.

Angaben, die Sie getrost machen können

Schön und gut – gehen wir jetzt positiv an die Sache heran. Viele Angaben sind okay und dienen einer guten Partnersuche. Dadurch können Sie besser nach anderen suchen und werden einfacher gefunden. Online-Dating ganz ohne Informationen zu den Singles würde ja auch wenig Sinn ergeben. Was sollen die Portale machen? Sie brauchen Angaben, um für Sie ein treffendes Profil zu erstellen. Dazu benötigen sie und die anderen Teilnehmer ein paar Koordinaten.

- Was sind Ihre **Hobbys?** Das ist für die anderen wichtig zu wissen und unverfänglich für Sie. Gehen Sie gern wandern? Spielen Sie Schach im Verein? Besuchen Sie regelmäßig die Oper oder Heavy-Metal-Konzerte? Kochen Sie gern thailändisch? Sind Sie Katzen-Fan? Dann nur fröhlich genannt! Diese Dinge machen Sie aus.

- Was ist Ihr **Beruf?** Den können Sie unproblematisch nennen. Ihre genaue Arbeitsstätte brauchen Sie nicht anzugeben und sollten das besser auch nicht.

- Genauso unproblematisch sind Angaben zu Ihrer **Ausbildung**, ob Sie studiert, eine Fachausbildung absolviert oder was auch immer Sie gemacht haben.

- Wie groß sind Sie? Das spielt für andere vielleicht ebenso eine Rolle wie für Sie bei anderen. Die Angabe ist völlig okay.

- **Wann sind Sie geboren?** Hier brauchen Sie keine falsche Scham zu haben. Die Plattformen zeigen in der Regel nur Ihr Alter an, und das gehört schließlich auch zu den Basis-Informationen.

- Falls Ihr vollständiger **Vorname** nicht Rüdiger-Carlos-Nepomuk-Balthasar-Tjorben oder Felicitas-Kunigunde-Pamela-Josefa-Erdmute lautet, dann sind Sie dadurch nicht zu identifizieren und können ihn bedenkenlos angeben. Normalerweise wählt man ohnehin ein Pseudonym.

Wie erkenne ich seriöse Seiten?

Bevor wir genauer auf die Praktiken seriöser und fragwürdiger Portale eingehen (ab S. 184) vorab die Frage: Wie erkennen wir die? An der Werbung wohl kaum. Doch es gibt andere gute Wege, um sich seinen passenden und lauteren Anbieter auszusuchen. Bei dieser Suche sollten wir uns ruhig ein wenig Mühe geben, denn schließlich soll das Dating ein angenehmer Prozess sein, bei dem uns niemand abzockt, betrügt oder sonst hinters Licht führt. Also ran an den Speck.

Vergessen wir die Werbung, wie gesagt. Das ist nur ein schöneres Wort für Reklame – sie will unsere Aufmerksamkeit erzeugen, aber der Informationsgehalt ist meist gering. Und falls man Werbung im Fernsehen sieht oder in langen, bezahlten Beiträgen hört oder sieht, dann bedeutet das nur eines: Ein Unternehmen hat viel Geld, um diese Werbung zu finanzieren. Auf welche Weise es das Geld verdient hat, steht auf einem anderen Blatt.

Glücklicherweise gibt es Hilfen, um Dating-Portale einzuordnen. Merken Sie sich ruhig die folgenden drei Internet-Adressen und sehen Sie dort nach. So können Sie sich vorab anschauen, wie das jeweilige Portal funktioniert, was es über die Mitglieder zu wissen gibt, wie teuer der Anbieter ist und – last but not least – ob es seriös ist.

- **onlinedating.de:**
  Die Adresse lässt sich leicht merken, oder? So wie die beiden nächsten Seiten auch ist onlinedating.de eine unabhängige Vergleichsseite, auf der Sie alle großen Dating-Portale getestet finden. Hier können Sie zum Beispiel in einem Dating-Lexikon stöbern und die Bedeutung unbekannter Begriffe nachschlagen. Außerdem finden Sie Dating-Ratgeber, eine Darstellung von Portalen für Singlebörsen, Partnervermittlung und Casual-Dating, aktuelle Online-Dating-Studien und mehr.

- **datingjungle.de:**
  Diese Seite möchte, wie der Name bereits sagt, Orientierung im Urwald der Dating-Seiten bieten. Datingjungle.de unterteilt grob nach Dating-Apps, Seitensprung, Partnervermittlung und Casual-Dating. Bei Untergruppen finden Sie auch Informationen zur Partnersuche 50+, gay Dating, kostenlosen Anbietern und vielem mehr. Egal ob Parship, ElitePartner, eDarling oder andere – datingjungle.de bewertet die Portale und ordnet sie ein.

- **zu-zweit.de:**
  Welches Dating-Portal passt am besten zu mir? Diese Frage möchte die Seite beantworten und tut das schon in ihrem Abschnitt »Persönliche Empfehlung«. Dort findet man die Testsieger der Vergleichsseite auf einen Blick. Die Portale stehen auch noch aufgedröselt und bewertet nach den Kategorien Singlebörsen, Partnervermittlung und Casual-Dating. Es findet sich außerdem eine Rubrik zu »Mehr Spaß im Bett« und etwas zur »Spezifischen Partnersuche« wie christliche Partnersuche, Sugar-Daddy, Partnervermittlung Osteuropa oder Gay-Kontakte.

Diese drei Internet-Adressen enthalten spezifische Informationen zum Online-Dating. Es gibt natürlich auch noch allgemeine Seiten, auf denen Nutzer Lob und Tadel zu allen möglichen Bereichen äußern können. Üblicherweise ist es allerdings so, dass Verbraucher gern schimpfen, wenn sie unzufrieden sind, dass sie aber nicht unbedingt Hymnen anstimmen, wenn alles in Ordnung ist. Daher gilt auch für die genannten Vergleichsseiten: Schlechte Erfahrungen können das Gesamtbild verzerren. Insgesamt aber finden Sie unter den drei Adressen viel Hilfe, um Ihr Dating-Erlebnis zu etwas Schönem zu gestalten.

Im Übrigen können Dating-Portale sich natürlich auch gute Bewertungen kaufen. Das ist so wie überall sonst im Netz. Meist anonyme Kundenbewertungen auf Seiten wie zum Beispiel trustpilot.de sind nicht unbedingt eine Garantie für guten oder schlechten Service eines Dating-Anbieters. Zum Glück gibt es die gute alte Tante »Verbraucherzentrale«. Auf ihrer Seite können Sie nützliche Informationen erhalten – etwa Hinweise auf Seiten, die in ihren AGB auf Fake-Profile hinweisen, mit denen sich bezahlte Mitarbeiter als Gäste oder Kunden ausgeben.

Fake-Profile

Ideal ist es, wenn Sie sich die AGB eines Portals selbst anschauen. Aber auf unabhängigen Seiten wie **verbraucherzentrale.de** finden Sie auch Orientierung, worauf genau Sie bei Fake-Profilen achten müssen. Eine Regel ist, sich nicht von attraktiven Profilbildern und schnell einsetzenden aufregenden Chats blenden zu lassen. Dahinter könnten bezahlte Schreiberlinge stecken, die für »Stimmung« im Portal sorgen sollen. Für mehr Unterhaltung eben.

Solche professionellen Fake-Profile sind aus Sicht der Dating-Kunden natürlich unerwünscht, vorsichtig ausgedrückt. Denn die Menschen hinter den Schein-Profilen haben selbstverständlich kein Interesse, Sie kennenzulernen. Wenn solche Mitarbeiter vorgeben, mit Kunden zu flirten, dann veralbern sie sie. Glücklicherweise haben Dating-Anbieter aber die Pflicht, darauf hinzuweisen, wenn sie Fakes einsetzen.

Die Verbraucherzentrale hat zudem durchgesetzt, dass ein Portal sich nicht mit versteckten Hinweisen in den AGB entlasten darf. Der Anbieter muss Sie vor der Registrierung deutlich darauf aufmerksam machen, wenn manche Nutzerprofile nicht echt sind, sondern zu Mitarbeitern gehören. So hat es das Landgericht Berlin am 27. Januar 2022 nach einer Klage der Bundes-Verbraucherzentrale gegen die Plattform icatched.de entschieden (Az. 16 O 62/21).

> Auf welche Formulierungen sollten Sie achten, wenn es um Fakes geht? Auch hier hilft die Verbraucherzentrale weiter, beim Stichwort: »**Online-Dating: Achtung Fake!**« Rufen Sie die Nutzungsbedingungen oder Allgemeinen Geschäftsbedingungen auf und setzen Ihre Suchfunktion auf die Begriffe: »Profile«, »Animateure«, »Controller«, »CUser«, »Moderator« oder »moderierter Dienst«, »fiktiv« und »Unterhaltung«.

Auf diese Weise können Sie Formulierungen finden wie die folgenden, die Schein-Profile nahelegen.

- »Ein männliches Profil kann von einer weiblichen Moderatorin, ein weibliches Profil von einem männlichen Moderator betrieben werden.«

- »Es ist davon auszugehen, dass es sich bei sämtlichen weiblichen Profilen um fiktive Profile handelt (…).«

- »Sie erkennen an und erklären sich damit einverstanden, dass diese Profile ausschließlich für Ihre Unterhaltung und zur Förderung Ihrer Nutzung unseres Service sind.«

- »Aus dem Umstand, dass zu einem Profil Kontaktdaten angegeben werden, kann nicht gefolgert werden, dass sich hinter dem Profil eine wirklich existierende Person verbirgt.«

- »Bei (…) handelt es sich um einen moderierten Dienst. (…) Dazu legen Moderatoren, die vom Betreiber beschäftigt werden, eine Vielzahl von Profilen fiktiver Personen an und geben sich als diese fiktive Person aus.«

- »Die Moderation dient dazu, die Aktivitäten über das Portal und damit die Umsätze des Betreibers zu erhöhen. Dazu legen Moderatoren, die vom Betreiber beschäftigt werden, eine Vielzahl von Profilen fiktiver Personen an und geben sich als diese fiktive Person aus.«

- »Alle Äußerungen sowie alle von den fiktiven Profilen angegebenen persönlichen Daten sind Erfindungen der Moderatoren.«

- »Die CUser sind ausschließlich zur Auslebung von virtuellen und erotischen Fantasien gedacht und es sind keine realen Treffen möglich (…).«

- »Das Unternehmen weist darauf hin, dass im Chat durch das Unternehmen beschäftigte Controller/Controllerrinnen eingesetzt werden und tätig sind, die unter mehreren Identitäten (m/w) am Chat teilnehmen (…).«

- »Der Anbieter weist ausdrücklich darauf hin, dass im Chat beschäftigte Operatoren eingesetzt werden und tätig sind (…).«

- »Um die Funktion zu gewährleisten, werden, wie allg. in solchen Flirtportalen und Kontaktvermittlungen im Internet üblich, vom Leistungsanbieter Animateure eingesetzt, die im System nicht gesondert gekennzeichnet werden, um die Kontaktplattform für die Nutzer attraktiv zu gestalten.«

»Fake« hat mehrere Gesichter

IKM-Schreiber

Ein weiterer Begriff aus diesem Umfeld lautet «**IKM-Schreiber**«. »IKM« steht für »Internet-Kontaktmarkt«. Diese Schreiberlinge schlüpfen in Singlebörsen ebenfalls in die Rolle von virtuellen Identitäten. Jeder dieser Schreiber kann eine Vielzahl von Identitäten haben. Sie wollen regelmäßig dazu »motivieren«, dass Nutzer Premium-Dienste in Anspruch nehmen oder kostenpflichtige Nachrichten und Mails austauschen. (»Kostenpflichtig« bei SMS sind fünfstellige Nummern oder Anfänge mit 0900 oder 0137. Schlicht ignorieren!) In Stellenausschreibungen nennt man sie auch gern »Dialogschreiber«, »Kontakter« oder »Controller«. Solche Gesellen finden sich bei unseriösen Dating-Portalen. Sie tauchen allerdings auch auf seriösen Seiten auf, um Mitglieder von dort abzuwerben. Sie geben dort also den Lockvogel und schreiben dann etwa: »Hey, lass uns doch bei … weiter quatschen, dort ist es viel besser.« Wenn sich die Angesprochenen auf dem andern Portal anmelden, finden sie dort selbstverständlich ebenfalls das Profil des Lockvogels. Dort braucht man dann zum Chatten eine teure Premium-Version. Der Lockvogel kassiert für jedes geworbene Opfer eine Provision, bei Premium-Mitgliedschaft noch mehr. Diese Portale arbeiten oft mit Freemium-Modellen (Zusammensetzung aus »Free« und »Premium«). Das bedeutet: Das Basis-Produkt ist kostenlos, aber die Voll-Version und alle Erweiterungen werden teuer. Besonders Männer werden mit erotisch wirkenden Profilen geködert und dann aufgefordert, über ein Call-Center teure Sex-Dienste zu nutzen. Der IKM-Schreiber verdient auch bei solchen Anrufen mit.

Chat-Bots

Kommen wir zu Robotern, also Bots. Für Anbieter, die mit Fake-Schreibern arbeiten, ist ein **Chat-Bot** finanziell noch günstiger als ein menschlicher IKM-Schreiber. Zurzeit haben solche Computer-Fakes noch den Nachteil, dass sie ungelenk, hölzern, eben nicht-menschlich wirken können. In der Zukunft mag sich das noch ändern. Aktuell ist es gottlob noch so, dass die Maschinen bei komplexen Fragen passen müssen und daher auffallen. Die Satzkonstruktion der Bots wirkt zurzeit noch recht stupide. Sie können sich auch hier einen Spaß erlauben, und ein paar komplexe Fragen stellen. Wenn dann keine Antwort kommt, dann wissen Sie Bescheid. Derzeit füttern die Programmierer die Bots noch mit Trigger-Worten und geläufigen Phrasen. Tiefgründigkeit ist die Sache der Chat-Bots nicht.

Karteileichen

Karteileichen sind keine Fake-Profile. Die Nutzer sind nur nicht mehr aktiv, egal aus welchen Gründen. Es ist ein Zeichen für eine eher schlampige Führung des Portals, wenn dort zu viele inaktive Nutzer stehenbleiben. Allerdings kann es auch sein, dass Plattformen ihre Karteileichen bewusst stehen lassen, um die Nutzerzahlen künstlich aufzublähen. Solche Anbieter löschen Profile teilweise erst sieben Jahre nach dem Ende des Vertrages. Mitunter ist die Zahl der inaktiven Kunden um ein Vielfaches höher als die der aktiven. Das kann das Online-Dating komplizierter machen als nötig. Die Inaktivität kann alle möglichen Erklärungen haben. Vielleicht hat jemand schon sein Glück gefunden und nur vergessen, sein Profil zu löschen. Oder jemand hat sein Passwort vergessen. Gute Anbieter »saugen« bei ihren Profilen immer mal wieder durch. Bevor sie löschen, verschicken sie dann noch Mails zur Erinnerung, wenn jemand eine Zeitlang abwesend war. Trösten Sie sich also bitte, falls Sie ein interessantes Profil entdecken, Nachrichten schreiben und keine Antwort erhalten. In diesem Fall kann der andere Nutzer vielleicht eine Karteileiche sein. Die fehlende Antwort hat also nichts mit Ihnen zu tun.

Was tun, wenn Sie Zweifel haben?

Nehmen wir an, Sie haben einen Kontakt zu einem anderen Nutzer auf einem Portal hergestellt. Vielleicht zweifeln Sie an dessen Identität oder haben sonst ein seltsames Gefühl im Bauch. Dann können Sie auch dieses einzelne Profil checken. Ein Hinweis kann sein, wenn ein Foto besonders fachmännisch aufgenommen ist oder Ihr Gegenüber auf fast unnatürliche Weise attraktiv erscheint. Manchmal können hinter solchen Bildern irgendwelche Porträtfotos aus dem Internet stecken. Private Selfies oder Schnappschüsse sind meist nicht so perfekt.

Bei der Beschreibung im Profil gilt: Vorsicht vor »too good to be true«. Was zu gut klingt, um wahr zu sein, ist oft nicht wahr. Wenn andererseits kaum Informationen dort stehen, dann können Sie sich fragen, ob Sie nicht lieber nach jemandem suchen sollten, der wenigstens einen ordentlichen Steckbrief von sich erstellt. Ganz allgemeine Angaben zu Hobbys und Interessen gehören auch nicht zu einer Beschreibung der eigenen Persönlichkeit. Blutleere wirkt nicht gerade persönlich.

Was natürlich gar nicht geht: Jemand gibt an, er sei nur über gebührenpflichtige Nummern oder Mitteilungen zu erreichen. Aber auf dieses Ausschlusskriterium wären Sie auch allein gekommen, oder?

Aber wie häufig sind Fake-Profile eigentlich? Um Sie zu beruhigen: Die allermeisten Kontakte sind Menschen wie Sie und ich, die eine Partnerschaft suchen. Allerdings sollten wir in der Tat wachsam sein, denn bereits in einer Untersuchung von Ende 2017 hat das »Marktwächter-Team« mit einer eigenen Recherche 187 Online-Dating-Portale identifiziert, die laut ihren AGB auch Fake-Profile einsetzen. (Der »Marktwächter Digitale Welt« ist ein Frühwarnsystem, gefördert durch das Bundesministerium der Justiz und für Verbraucherschutz.

Hier analysieren die Verbraucherzentralen den digitalen Markt aus Sicht der Konsumenten: marktwaechter.de/digitalewelt oder https://www.vzbv.de/marktbeobachtung

187 Plattformen sind ganz schön viel, finden Sie nicht auch? Untersucht wurden 316 Portale. Beanstandet haben die Marktwächter also knapp 60 Prozent der Seiten. Gleichzeitig weisen sie darauf hin, dass sich der Markt beim Online-Dating schnell verändert. Das betrifft die Verfügbarkeit der Seiten und ihrer Anbieter sowie die AGB. Positiv gesprochen, bleiben also immer noch mehr als genug Portale übrig, die Sie nicht hintergehen wollen und auf denen Sie Ihre Partnersuche ohne Sorgen voranbringen können.

Wie hältst du's mit dem Geld, liebes Portal?

Kommen wir zu den Kosten. Die Portale bieten eine Leistung, wir wollen diese Leistung, und dafür steht dem Anbieter selbstverständlich ein faires Entgelt zu. Nur was ist fair? Fair und seriös ist es jedenfalls, wenn Anbieter klare Preismodelle haben, die Sie auch ohne Anmeldung einsehen können. Kostenfallen sind wir nicht hilflos ausgesetzt. Im Gegenteil: Wenn Sie das Folgende gelesen haben, dann sind Sie gewappnet vor Abzockereien.

> **EINE ALLGEMEINE EMPFEHLUNG:**
> Ein Blick mehr in die AGB ist immer besser als einer weniger.

Und nun los! Es ist auch gar nicht so wild.

Widerrufen können Sie immer

Das europäische Verbraucherschutzrecht gewährt uns ein Widerrufsrecht von 14 Tagen, wenn wir Verträge widerrufen, bei denen wir typischerweise überrumpelt werden können. Etwa, wenn uns ein Vertreter an der Haustür ein Zeitschriften-Abo verkauft, wenn wir am Telefon einen Lotto-Vertrag vereinbaren, wenn wir bei Amazon oder Zalando bestellen … Und eben auch, wenn wir ein Online-Abo für Dating abschließen. Die Portale müssen vor Vertragsabschluss auf dieses Widerrufsrecht hinweisen.

Schön und gut. Das Recht kann uns keiner nehmen. Allerdings erbringt ein Dating-Portal ja unter Umständen schon zwei Wochen eine Leistung, und die können Sie ja nicht so einfach zurückgeben wie Schuhe bei Zalando. Daher möchten die Dating-Anbieter auch regelmäßig einen Wertersatz erstattet haben. Dabei können sie aber ganz schön über die Stränge schlagen. Der Europäische Gerichtshof (EuGH) urteilte am 8. Oktober 2020 etwa zu einem Fall, in dem das Portal »Parship« schon für wenige Tage Nutzung bis zu rund 300 Euro »Wertersatz« verlangte (Az.: C-641/19).

In Kürze gesprochen: Wenn Sie einen Vertrag zum Online-Dating innerhalb von 14 Tagen widerrufen, dann darf Ihr Anbieter zeitanteilig einen Ersatz verlangen, also nur für die Tage bis zum Widerruf. Eine Ausnahme lässt der Gerichtshof nur gelten, wenn im Vertrag ausdrücklich steht, dass Leistungen gleich am Anfang des Vertrags vollständig und gesondert erbracht werden – und das auch nur bei einem getrennt zu zahlenden Preis.

Es kommt vor, dass Portale sich darauf berufen wollen, das Widerrufsrecht bei Dienstleistungen erlösche vorzeitig. Und zwar, wenn die Dienste vollständig erbracht wurden. Das ist jedoch gerade bei Abonnements nicht der Fall. Auch dann nicht, wenn Sie als Kunde schon Nachrichten auf der Plattform verschickt haben. Auch das hat der EuGH im genannten Urteil entschieden. Laut Urteil des Bundesgerichtshofs (BGH) vom Mai 2021 erlischt das Widerrufsrecht auch nicht schon dann, wenn das Dating-Portal die vertraglich vereinbarte Zahl an Partnervorschlägen zusammenstellt (AZ.: III ZR 169/20). Bei diesem Urteil ging es um einen Fall, in dem in den AGB stand, die Hauptleistung der Partnervermittlung sei die Erstellung eines Partnerdepots. Aufgeführt waren 21 Partnervorschläge. Das allein hielt der BGH für zu mager. Er forderte die Zusendung ausführlicher Partnervorschläge mit Namen und Kontaktdaten.

Die Berechnungen sind gar nicht so schwierig

Rechnen wir also mal durch, wie es mit dem Wertersatz beim Widerruf ist: Nehmen wir an, Sie schließen ein Dating-Abo für sechs Monate ab und vereinbaren dafür einen monatlichen Preis von 70 Euro. Nach 3 Tagen widerrufen Sie Ihre Erklärung zum Vertragsschluss. Macht dann also 7 Euro Ersatz, gerechnet bei einem Monat mit 30 Tagen und ohne vertraglich gesondert erbrachte Leistungen.

Die Verbraucherzentrale stellt übrigens einen coolen Rechner zur Verfügung, um den Wertersatz beim Widerruf eines Partnerbörsen-Jahres-Abos zu ermitteln. Allerdings funktioniert der nur bei Laufzeiten von genau einem Jahr.

Angenommen, wir haben ein Jahres-Abo für 600 Euro (brutto) abgeschlossen – widerrufen haben wir dieses Mal nach 7 Tagen. Das macht dann laut Rechner einen Tagespreis von 1,64 Euro, für die 7 Tage sind es 11,51 Euro. Falls wir im Voraus gezahlt haben und das Jahr kein Schaltjahr ist, dann teilt uns der Rechner mit: 358 Tage wären uns zu erstatten. So viel zur vereinfachten Orientierung.

Die Verbraucherschützer raten allgemein dazu, nur Beträge zu zahlen, von denen Sie wissen, dass der Anbieter sie zu Recht fordert. Mahnbescheide oder gar Klagen sind unschön und verderben ein Dating-Erlebnis, das eigentlich erfreuen soll. Sollte ein Anbieter trotzdem ein Mahnverfahren gegen Sie einleiten, dann reagieren Sie bitte in Ihrem eigenen Interesse schnell. Auch nach einem Mahnbescheid haben Sie zwei Wochen Zeit, um Widerspruch dagegen zu erheben, also zu zeigen, dass Sie die Forderung nicht anerkennen – falls dem so ist. Ansonsten entstehen nur höhere Kosten.

Fehlende Kündigung und Vertragsverlängerung?

Noch ein Wort zu »Parship«: Wir haben dieses Portal nicht genannt, um davon abzuraten. Im Gegenteil wird Parship bei zu-zweit.de, onlinedating.de und datingjungle.de gut bewertet, übrigens auch bei Stiftung Warentest. Der Europäische Gerichtshof hat sein Urteil aber im Fall Parship gesprochen. Unsere Hinweise gelten jedoch allgemein und nehmen keinen einzelnen Anbieter aufs Korn. Das gilt ebenso für versteckte Kosten, die in AGBs enthalten sein können. Das können günstige Probe-Abos sein, mit denen Portale werben. Im Kleingedruckten versteckt sich dann mitunter, dass dieses Probe-Abo sich automatisch um ein halbes oder gar ganzes Jahr verlängert, wenn man nicht kündigt, und zwar zu einem weit höheren Preis.

Und hier sind wir wieder bei Parship. Die Plattform ist seit Langem am Markt und gelegentlich als Platzhirsch auch Ziel von Muster-(Feststellungs-)Klagen. Der Bundesverband der Verbraucherzentralen hat eine solche Klage gegen Parship erhoben. Die erste mündliche Verhandlung vor dem Oberlandesgericht Hamburg findet im September 2023 statt (Stand: August 2023). Die Verbraucherschützer wollen gerichtlich feststellen lassen, dass AGB zur Vertragsverlängerung unwirksam sind und eine fristlose Kündigung jederzeit möglich ist. Sie sind der Ansicht, dass Parship (exemplarisch) seine Kunden unzulässig in langfristigen und kostspieligen Verträgen hält.

Wie Sie kündigen können, bestimmen die Dating-Anbieter wieder einmal in unseren (oder vielmehr ihren) geliebten AGB. Dieses Kleingedruckte sieht naturgemäß unterschiedlich aus. »Eigentlich« müssten Sie nach Allgemeinem Bürgerlichen Recht Ihre Kündigung auf Papier schreiben, unterzeichnen und per Post zuschicken. Doch der Bundesgerichtshof hat Mitte 2016 entschieden, dass Sie Online-Singlebörsen auch online kündigen können. Wäre ja auch sonst komisch, wenn Sie den Vertrag zwar online abschließen, aber nicht online beenden dürften.

Wenn Sie ganz auf Nummer sicher gehen wollen – und das ist durchaus ratsam -, dann verschicken Sie eine Kündigung nicht nur online, sondern außerdem noch per Einschreiben und mit Rückschein. Das mag Ihnen übertrieben vorkommen, aber dann kann sich Ihr Vertragspartner nicht darauf berufen, die Kündigung nicht erhalten zu haben.

Was auf jeden Fall nicht reicht: Ihr Profil zu deaktivieren oder zu löschen! Auch falls Sie eine App benutzt haben und diese löschen, bedeutet das keine Kündigung! Gehen Sie einfach in die App, und kündigen Sie das Abonnement dort aktiv.

Leistungen »zur Verbesserung der Vermittlungschancen«?

Sie schließen mit der Online-Vermittlung einen Vertrag, damit die für Ihr Entgelt gute Arbeit leistet. Es erscheint sinnlos, wenn manche Anbieter auf einmal »April, April!« rufen: »Damit Sie so richtig gute Chancen auf Vermittlung kriegen, empfehlen wir jetzt noch unseren Goldstandard.« Das sollen dann teure zusätzliche Leistungen sein. Sinnlos ist das natürlich nur für Sie, nicht für den Anbieter. Der verdient gut daran. Beliebt sind zum Beispiel Präsentations-Videos. Dafür schließen manche Portale einen Extra-Vertrag ab, in dem es nur um die Herstellung des Videos geht. Für die Anfertigung eines halbstündigen Filmes verlangen einige bis zu 2.000 Euro. Manchmal kann man in seinem Wunsch nach Seriosität aber auch über das Ziel hinausschießen. Offensive Werbung der Plattformen gilt vielen als anstößig, aber sie ist nicht unbedingt ein Beweis für Abzocke-Portale.

Um auch mal Entwarnung geben zu können: Eine kostenlose Anmeldung ist kein Grund zum Misstrauen. Im Gegenteil sind viele Seiten gratis in den Grundfunktionen zu nutzen. Nur wer alles nutzen möchte, muss zahlen. Leider hat man von der kostenlosen Registrierung mitunter nicht allzu viel – eben, weil man niemanden kennenlernen kann. Womit dann der Witz an der ganzen Sache fehlt.

Auf einigen Seiten erhalten Nutzer nach einer kostenlosen Anmeldung Nachrichten von Moderatoren im Postfach, die die Vorteile einer bezahlten Mitgliedschaft preisen. Wirklich ärgerlich sind offenkundige Fake-Nachrichten, unmittelbar nach der Registrierung, wie etwa: »Endlich bist du da! Nach jemand wie dir suche ich schon die ganze Zeit!«, »Bitte, bitte, antworte auf meine Nachricht! Wir müssen uns unbedingt kennenlernen!« oder »Was muss ich tun, damit du mir antwortest? Ich verzehre mich nach dir.« Das sind eindeutig Bots oder bezahlte Mitarbeiter der Seite. Da kann einem leicht die Lust auf mehr vergehen.

Gewappnet vor Betrügereien

Vielleicht denken Sie mittlerweile: Au Backe, soll ich mich wirklich auf Online-Dating einlassen? Genau diese Wirkung wollen wir bei Ihnen nicht erzielen! Wir möchten Sie nur darüber informieren, wie Sie mögliche Fallstricke oder Risiken erkennen können, um auf dieser Basis ein schönes und sicheres Erlebnis beim Online-Dating zu haben. Genießen Sie diese Art der Partnersuche! Damit Ihnen keine schwarzen Schafe in der Szene Ihr Erlebnis kaputtmachen, wappnen wir uns jetzt vor Nutzern, die es nicht gut mit uns meinen. Die sind allerdings in der Minderheit auf den Portalen. Die meisten Teilnehmer sind Leute wie Sie: Sie suchen eine Partnerschaft oder einen Kontakt. Außerdem: Wir laufen ja sonst auch nicht alle blauäugig durchs Leben. Und wie auch sonst im Leben gibt es ein paar Risiken beim Online-Dating, weil nun einmal nicht alle Menschen gut und edel sind. Das gilt gleichermaßen für Frauen und Männer.

Scammer

Es geht also jetzt um Betrügereien. Ein englisches Wort für Betrug lautet »scam«, und daraus leiten sich dann die Begriffe »Romance Scam« oder »Love Scam« ab. Es geht diesen Leuten also nicht um Romantik oder Liebe, sondern um Internet-Betrug. Um Schwindeleien aus Eitelkeit oder Scheu ging es bereits – darum geht es hier nicht, sondern um gezielte Suche nach Opfern, und zwar per – nehmen wir ein deutsches Wort: – Liebesbetrug. Solche Scammer/Betrüger arbeiten nie mit echten Profilen, sondern mit Fakes. Über Fake-Profile von bezahlten Mitarbeitern der Portale haben wir ja schon einiges erfahren, und vieles hat auch für Schein-Profile von Betrügern seine Gültigkeit. So gilt auch hier: Vorsicht vor »too good to be true«.

Denn die Scammer treten überaus charmant auf und überhäufen Singles gern mit Komplimenten. Nichts gegen Komplimente – ohne die funktioniert das normale Suchen und Finden ja auch nicht. Allerdings gibt es immer ein »too much«, bei dem wir uns vorsehen sollten. Wenn dann unser Gegenüber noch wahnsinnig attraktiv aussieht und angibt, sehr erfolgreich zu sein, dann könnte man an »zu gut, um wahr zu sein« denken. Gegen die reinen Gespräche mit Scammern ist erst einmal nichts einzuwenden, denn die tun ja keinem weh. Im Gegenteil verläuft die Konversation mit ihnen angenehm. Das ist ihr Job. Und so lange wir uns nicht in die Phantasiegestalten verlieben oder Herzschmerz verspüren, wenn wir nicht mit ihnen kommunizieren, ist alles tutti. Falls Sie also einen Betrüger durchschauen, können Sie den Spieß einfach umdrehen und nur den angenehmen Teil mitnehmen.

Der Witz beim Betrug setzt für den Scammer natürlich erst später ein, denn irgendwann gibt es die Gespräche über ein Treffen. Schließlich will man als Suchender ja einen richtigen Partner und nicht nur eine Internet-Konversation. Und jetzt kommt für die Betrüger der Moment, auf den sie hingearbeitet haben. Vorausgesetzt, sie meinen, ihr Opfer schon genügend umgarnt zu haben. Ist dieser Moment gekommen, lesen die Opfer, wie sich ihr Gegenüber nach einem Treffen sehne – nur leider gebe es gerade Probleme … Was natürlich eine Lüge ist, wie auch schon vorher alles Lüge war. Bei den Ausreden sind die Scammer kreativ. Beliebt sind etwa:

- »Meine Kreditkarte wurde mir gestohlen.«

- »Ich hatte einen Autounfall.«

- »Mein Pass ist weg« oder

- »Ich bin auf Geschäftsreise in Thailand und plötzlich in Geldnot geraten, weil ich überfallen wurde.«

> **UND WENN DER HIMMEL EINSTÜRZT –
> WIR ÜBERWEISEN KEIN GELD! NIEMALS!**

Nach der Schilderung von eben mögen Sie denken: So etwas könnte mir nie passieren.

Wenn aber heftige Gefühle im Spiel sind, dann setzt der Verstand schon einmal aus. Sonst gäbe es die Betrugsmasche schließlich nicht. Und oft sind es zuerst kleinere Beträge, um die der Scammer bittet. Das ist aber nur sein Auftakt. Nach einer ersten Hilfszahlung folgen so sicher wie das Amen in der Kirche weitere angebliche Probleme. Der Erfindungsreichtum der Scammer ist nahezu unerschöpflich.

Da tauchen auf einmal Schulden des Scammers auf, oder die Mutter benötigt plötzlich eine lebenswichtige Operation … Jedenfalls geht es immer um noch mehr Geld. Und immer würde sich der Scammer ja so gern mit seinem Opfer treffen, allein: Zuerst sind noch wichtige Probleme zu lösen … Die Hinhalte-Taktiken der Scammer sind ebenso vielfältig wie die Lügen um angebliche Probleme. Und falls kein Geld mehr fließt, brechen sie den Kontakt ab und suchen sich neue Opfer.

Damit Ihnen all das nicht geschieht, gehen wir nun noch gemeinsam ein paar Punkte durch, mit denen man sich vor solchen unangenehmen Betrügern schützen kann. Und erneut: Love-Scammer können Männer oder Frauen sein.

- Wie wir oben schon erfahren haben, lassen sich die AGB von Dating-Portalen auf einschlägige Formulierungen untersuchen, die auf Fake-Profile bezahlter Mitarbeiter hinweisen. Um die Zahl von möglichen Love-Scammern zu senken, suchen Sie sich am besten eine Dating-Plattform aus, die die Nutzer verifiziert. Dort ist die Gefahr von Fake-Profilen deutlich geringer.

- In sozialen Netzwerken insgesamt (Facebook, Instagram etc.) sollten Sie Kontaktanfragen nur annehmen, wenn Sie die Person schon kennen.

- Immer wieder: Was zu gut ist, um wahr zu sein, ist meist nicht wahr. Lassen wir uns nicht einlullen von Komplimenten, Charme oder besonders gutem Aussehen.

- Ein zusätzliches Indiz für Romance-Scammer kann sein, wenn Ihr Gegenüber von einem abwechslungsreichen, faszinierenden Leben und vielen Schicksalsschlägen erzählt. Das kann eine Masche sein, um Mitleid zu erregen.

- Allgemein ist eine gesunde Skepsis nie verkehrt. Wenn ein anderer Sie noch nie direkt erlebt hat und trotzdem von großer Liebe schreibt, jemand, der noch dazu vielleicht überdurchschnittlich attraktiv und erfolgreich ist, dann könnte etwas faul sein.

- Kein Geld überweisen! Auch keine Wertgegenstände verschicken! Auch nicht an angebliche Angehörige oder Freunde. Bitte geben Sie auch keine Kontodaten weiter.

- Googlen Sie das Profilbild (man nennt das rückläufige Google-Bildersuche). So finden Sie heraus, ob ein Foto zum Beispiel aus einer Internet-Datenbank stammt. Dasselbe können Sie mit Namen, Telefonnummer und Adresse machen.

- Immer gut: sich eine zweite Meinung einzuholen. Sie brauchen Freund oder Familie ja nicht in alle Details einzuweihen, sondern können gezielte Fragen stellen. Holen Sie sich ruhig einen Ratschlag ein.

- Sie können die Initiative übernehmen, indem Sie auf einem Treffen mit dem Gegenüber bestehen – sonst seien Sie genötigt, den Kontakt abzubrechen. Zumindest ein Video-Chat sollte drin sein. Schließlich will man sich ein realistisches Bild machen.

- Falls Sie einen Scammer identifizieren: Kontaktabbruch. Sofort. Auf jedem Kanal. Am besten legen Sie sich noch eine neue Telefonnummer und eine neue Mail-Adresse zu.

- Vielleicht kommt es Ihnen übertrieben vor, aber aus Erfahrung möchten wir Ihnen raten: Sichern Sie bitte die Verläufe Ihrer Chats und Mails mit dem (potentiellen) Bösewicht, und zwar auf einer externen Festplatte, einer CD-ROM, einem USB-Stick oder in einer Cloud. Falls Sie bereits irgendwelche Überweisungen oder andere Zahlungen vorgenommen haben, dann bewahren Sie bitte die Belege gut auf.

Wichtig zu wissen: Romance-Scamming ist kein Kavaliersdelikt. Wir sprechen hier von (versuchtem) Betrug, gegebenenfalls sogar in besonders schwerem Fall, sofern der Scammer gewerbsmäßig handelt oder ein anderer Fall vorliegt, § 263 Strafgesetzbuch. Love-Scammer sind oft Profis. Scheuen Sie sich also bitte nicht, zur Polizei zu gehen und Anzeige zu erstatten.

Diese Adresse könnte hilfreich sein: Auch falls Sie schon Opfer eines Betrügers sein sollten, können Sie sich Beistand und Tipps holen. Schauen Sie mal vorbei bei **www.romancesambaiter.de**. Dort finden

Sie unter anderem ein Forum mit Gleichgesinnten und Sie können hier Profile und Fotos bekannter Betrüger finden, sich mit anderen Opfern oder Betroffenen austauschen und Tricks im Umgang mit Scammern erfahren.

Wir möchten noch einmal wiederholen: Love-Scammer sind zwar ärgerliche und gefährliche Zeitgenossen, aber sie sind natürlich nur eine Minderheit auf den Dating-Plattformen. Lassen Sie sich durch die letzten Ausführungen bitte nicht vom Online-Dating abschrecken.

Sie sind nun jedenfalls gewappnet. Das ist gut so, denn Scammer können ja nicht nur das Vermögen ihrer Opfer schädigen, sondern auch ihre Gefühle schwer enttäuschen und verletzen.

Übrigens können Sie sich auch Hilfe mit einem Fake-Check als Quiz holen, bei **https://datingjungle.de/fake-check**. Sie klicken sich durch fünf Seiten mit je zwei Fragen:

- »Gibt es ein Profilfoto?«

- »Stammen alle Fotos aus einer Serie?«

- »Ist das Foto stark verpixelt oder verschwommen?«

- »Stimmen manche Nachrichten grammatikalisch nicht oder sind nicht in einwandfreiem Deutsch geschrieben?«

- »Hat er/sie einen dieser Berufe? (Soldat, Arzt, Ingenieur, Geschäftsmann …)«

- »Schmiedet er/sie gleich Pläne für die Zukunft?«

- »Zeigt er/sie das Gesicht, wenn Ihr miteinander videofoniert?«

- »Hat er/sie eine tragische Lebensgeschichte, z. B. Scheidung, Krankheit, Tod der Kinder oder Ähnliches?«

- »Beklagt er/sie sich über hohe Ausgaben oder dass er/sie zu wenig Geld hat?«

- »Hat er/sie dich schon mal um Geld gebeten?«

Ihre Antworten schicken Sie dann ab und erhalten eine Einschätzung zu Ihrem Gegenüber.

Lügen und Schwindeleien

Beim Online-Dating haben wir alle dasselbe Problem: Wir wollen uns ansprechend darstellen. Und so kommt es schon des Öfteren zu Flunkereien. Angenommen, ich finde meine Figur zwar noch ganz okay, aber beim Gewicht oder beim Body-Mass-Index runde ich nach unten ab. Das machen viele. Auch die kahle Stelle am Kopf erwähnen Männer nicht gleich zu Anfang, und Frauen polstern vielleicht ihren BH für das Profilfoto, wenn sie meinen, dass ihr Busen zu klein sei. Das waren jetzt Beispiele, bei denen man sagen kann: nun gut, verzeihlich. Wo die Grenze überschritten ist, das merkt man, wenn Nutzer ein Treffen vereinbaren und eine/r der beiden sich hintergangen fühlt.

Doch der Reihe nach – beginnen wir mit einem eindeutigen »No-Go«.

»Ich bin solo und suche eine Beziehung.«

Wenn Sie eine Partnerschaft suchen, können Sie erwarten, dass Ihr Gegenüber dasselbe tut, wenn er sich auf Sie einlässt. Leider Gottes tummeln sich auch auf Seiten zur Partnersuche Leute, die bereits vergeben sind. Warum? Manche vermeintlichen Singles können das selbst nicht erklären. Manchmal einfach »weil es geht«. Durchaus auch aus Langeweile. Oder weil man sein Ego streicheln möchte. Den Marktwert testen. Neue Möglichkeiten ausloten. Solche Menschen wollen Ihnen nichts Böses, zumindest nicht gezielt und nicht in erster Linie. Typischerweise erfahren andere Nutzer aber erst von der Beziehung des vermeintlichen Singles, wenn schon richtig Gefühle im Spiel sind. Das tut dann weh und ist auch nicht mehr lustig. Darum ordnen wir diese Lüge nicht als harmlose Schwindelei ein. Und ganz nebenbei: Sie kann auch nach hinten losgehen für den Betrüger, falls der enttäuschte Teil nicht nur still und heimlich das Feld räumt.

Ein Tipp für Sie: Sollte das Profilfoto erkennen lassen, dass an der Seite eine weitere Person abgeschnitten wurde, fragen Sie doch nach, wer das ist. Oder Sie sehen zwar keinen Ehering, dafür aber dessen Abdruck. War der andere dumm genug, dann trägt er besagten Ring sogar noch auf dem Bild. Dann heißt es für die Partnersuche natürlich: Game Over – falls der andere keine überzeugende Erklärung hat. Wenn Sie den Klarnamen Ihres Kontakts bereits kennen, dann können Sie in sozialen Netzwerken danach suchen. Finden Sie dort etwas zum Beziehungsstatus? Sollten Sie sich treffen, hören Sie gut zu, was der andere erzählt, und stellen Sie offene Fragen: Wie wohnt er? Wie gestaltet sie ihre Abende? Wo war er im letzten Urlaub? Falls sich da ein »wir« einschleicht, können Sie nachhaken.

Nun kommen wir zu Leuten, die wirklich solo sind. Ganz ohne Quatsch. Und sie suchen auch. Nur keine feste Beziehung. Sondern eher das … Amüsement. Allerdings kann es Vertrauen schaffen, wenn jemand behauptet, er (oder sie) suche eine feste Beziehung und wolle eine Familie gründen. Dann steigen oft die Erwartungen der anderen Seite, und man lässt sich beim Sex, der in der Regel noch am selben Abend folgt, eher fallen. Falls jemand das ausnutzt und gar nicht an Familie und Kinder denkt, ist das – vorsichtig ausgedrückt – fies gegenüber dem anderen. Daher unser unverbindlicher Rat: Wenn Sie eine feste Beziehung und eventuell auch Kinder wollen, dann starten Sie lieber piano (siehe dazu auch das Interview mit Christian Thiel, ab S. 160). Außer natürlich, Sie haben auch nichts gegen guten Sex.

»Ich bin (k)ein Wels.«

Wundern Sie sich nicht über die Überschrift. Der Name der nächsten Masche leitet sich von einer amerikanischen Geschichte ab, wonach Katzenwelse (eine Fischart) während eines Transports eingesetzt wurden, um lebende Dorsche in Bewegung zu halten und vor Lethargie zu bewahren. Katzenwelse heißen auf Englisch »catfish«, und so ist der Name unseres Themas: »Catfishing«. (Wenn Männer auf Dating-Portalen übrigens ihren Haarausfall verbergen, spricht man scherzhaft von »Hatfishing«, von »hat« = »Hut«.) Die Sache beim Catfishing ist ernster. Es geht um keine Schwindelei wie den Haarausfall, sondern um die komplette Täuschung über das Aussehen. Sprich: Meistens zeigt man nicht sein eigenes Foto, sondern »klaut« sich das Foto einer anderen Person. Die meist unglaublich gut aussieht. Das kann mehrere Gründe haben. Im schlimmsten Fall geht es um Betrügereien, siehe oben. Manche Catfisher wollen aber auch provozieren, Aufmerksamkeit und Bestätigung erfahren, eine Chance auf Liebe finden oder Macht ausüben.

Dieser Betrug funktioniert selbstverständlich nur online, weshalb sich Catfisher nicht persönlich mit Ihnen treffen können. Nicht einmal ein Video-Chat ist drin. Üblicherweise sind sie auch nicht in sozialen Netzwerken zu finden oder sind dort mit niemandem befreundet. Manchmal verstricken sich Catfisher auch in Widersprüche. Wie sonst, so gilt auch hier: Kein Geld zahlen! Niemals!

»Ich habe keinen körperlichen Makel.«

Männer wie Frauen haben so ihre Probleme mit dem Aussehen. Viele Männer zum Beispiel möchten gern groß sein, so mindestens 1,80 Meter, und wenn sie das nicht sind, dann kleben sie fürs Profil manchmal ein paar Zentimeter dran. Sie merken – wir sind hier bei den Flunkereien. Viele Frauen wären gern dünner, als sie sind. Und beide Geschlechter möchten ihre Chance erhöhen, auf dem Dating-Markt jemanden persönlich kennenzulernen. Manche denken sich: Wenn wir uns erst einmal treffen, dann werden wir schon weitersehen. Denn je größer die Abweichung des Ist- vom Soll-Zustand ist, desto schneller fällt die Schwindelei ja auf, wenn man sich gegenübersteht. Dasselbe gilt bei Typ-Beschreibungen wie »sportlich«, »intellektuell« oder »elegant«.

Und so kann ein erstes Zusammentreffen für die Schwindlerin oder den Flunkerer enttäuschender verlaufen als gar kein Treffen. Es tut weh, sitzen gelassen zu werden, weil der andere Teil sagt: »Beim besten Willen – dich hatte ich mir nach deiner Beschreibung wirklich anders vorgestellt.« Die ehrliche Variante, und zwar von Anfang an, ist für alle Beteiligten weniger schmerzhaft.

»Ich bin schon so alt« oder »Ich bin noch gar nicht so alt«

Irgendwann sind junge Menschen stolz, wenn sie das erste Mal in die Disco dürfen – und später sind sie frustriert, wenn es nur noch Ü30-Partys sind.

Ja, es gibt auch bei Dating-Portalen Menschen, die älter wirken wollen. Die meisten möchten sich aber eher jünger machen. Von wegen Zielgruppe. Das gilt bei Männern und Frauen. Sie … nennen wir es: korrigieren das Alter ein wenig. Oder sie »vertippen« sich. Bei Männern mag das damit zusammenhängen, dass viele sich jüngere Frauen wünschen, aber das gibt es umgekehrt genauso. Weil dieses Phänomen einigermaßen verbreitet ist, nutzen manche Plattformen eine Verifikation. Das heißt, man lädt seinen Ausweis hoch, die Mitarbeiter prüfen ihn und vergleichen ihn mit den Angaben im Profil. Hier gilt dasselbe wie beim Aussehen: Je größer die Abweichung, desto schneller fällt sie beim ersten Treffen auf und umso größer unter Umständen die Enttäuschung.

»Ich bin witzig!«

Wir haben schon die äußerlichen Typ-Beschreibungen angesprochen. Auch seinen Charakter beschreibt man ja und denkt mitunter: »Fällt ja erst einmal nicht auf, wenn es anders ist.« Doch Obacht! Wenn Sie schreiben oder lesen: »Ich bin eine durchgeknallte Type«, dann weckt diese Kurzform Erwartungen. Falls man dann im Café auf einen grölenden Proleten ohne Manieren trifft, deckt sich das eher nicht mit diesen Erwartungen. Kurzformen wie »Ich bin etwas ganz Besonderes« sind in Wahrheit nichtssagend (inwieweit denn besonders?). »Ich chille gern« sollte nicht beschönigend sein für »Ich hasse Bewegungen jeder Art«.

Sie sehen: Viele Kurzformeln schreien nach Erweiterung und Entfaltung. Sie bieten auch einen Anknüpfungspunkt für erste Kontakte, zum Beispiel: »Was meinst du mit ‚abenteuerlustig'«? Fährt so jemand gern in den Amazonas-Dschungel? Oder ist es sexuell gemeint? Auch die Sexualität ist ein weites Feld auf Dating-Portalen. Wie viele Sexpartner hatte der andere bislang? Da gibt es Leute, die gern mit einer großen Zahl prahlen und solche, die sich als treu verkaufen wollen und untertreiben.

Etiketten wie »romantisch«, »höflich«, »familiär« oder »gesellig« eignen sich gut dazu, um dem oder der anderen auf den Zahn zu fühlen. Nur zu!

Sie haben es geschafft! Nun haben Sie sich auch durch die beiden Kapitel dieses Buches gearbeitet, die sich mit den unangenehmen Seiten des Online-Datings beschäftigen. Bevor wir Sie aber in die hoffentlich durchweg erfreuliche Partnersuche via Internet entlassen, noch einmal zur Erinnerung: Diese beiden Abschnitte sollen Sie lediglich vor unangenehmen Erfahrungen bewahren.

Die meisten Menschen, denen Sie in den Online-Partnerbörsen begegnen werden, haben ernsthafte und vor allem ehrliche Absichten, so wie Sie selber. Nur wäre es schlicht unseriös, würde man in einem Buch zum Online-Dating die Risiken unterschlagen. Aber wenn Sie vor allem das letzte Kapitel aufmerksam gelesen haben, sind Sie jetzt gewappnet. Sie kennen die Fallstricke und können Sie geschickt vermeiden.

Wir wünschen Ihnen viel Erfolg bei der Suche nach Ihrem Wunschpartner!

Anhang

Glossar der Fachbegriffe

Nicht nur das Internet kann eine Welt für sich sein, die Sprache, die dort verwendet wird, ist es bisweilen auch. Wir haben für Sie ein Glossar mit den wichtigsten Abkürzungen und Fachtermini – man spricht hier von »Neologismen«, also Wortneuschöpfungen – zusammengestellt:

AFK »Away from Keyboard« ist man, wenn man gerade nicht im Chat aktiv ist.

Anmeldung An sich kein Fremdwort. Aber um ein Online-Portal zu nutzen, muss man sich vorher anmelden, meist ist dafür ein Benutzername (er muss nicht identisch sein mit dem Realnamen) und ein Passwort notwendig.

App Eine App ist eine Applikation, die man in der Regel auf sein Handy lädt.

Ausloggen Man meldet sich aus einem Chat ab, meist über den Button »Logout«.

Blockieren Wenn man zu einem Chat-Partner keinen Kontakt mehr haben möchte, kann man ihn blockieren. Damit ist die Kommunikation dauerhaft beendet. Das Synonym dazu heißt »ignorieren«.

Casual-Dating Der Begriff ist zwar für dieses Buch an sich nicht von Bedeutung, es ist aber doch gut, ihn zu kennen. Gemeint ist unverbindliches Sex-Dating.

CS	Computersex, Cybersex
Fake-Profil	Ein fingiertes Profil, das nicht mit der Person übereinstimmt, die es betreibt.
Freemium	Bei diesem Geschäftsmodell einer Online-Börse sind die Grundfunktionen kostenlos, für Zusatzfunktionen muss man allerdings bezahlen.
Gatsbying	In Anlehnung an den Roman »Der große Gatsby«: Wer »gatsbying« betreibt, spielt online ein glamouröses Leben vor, das er / sie in Wirklichkeit gar nicht führt.
Ghosting	von »ghost« (Geist), wenn man jemanden »ghostet«, meldet man sich ohne erkennbaren Grund und ohne Ankündigung nicht mehr bei ihm/ihr.
Haunting	Jemand wird zwar einerseits zum »Ghost«, hinterlässt aber durch Likes und dergleichen immer wieder Spuren, die dem Geghosteten zeigen sollen, dass man sein Leben auf Social Media nach wie vor im Blick hat.
Hyping	von engl. »to hype« (in etwa: hochjubeln); man überhäuft den neuen Dating-Partner mit Komplimenten und Geschenken, damit er sich verliebt, und lässt ihn anschließend wieder fallen.
Like	Ein »Like« ist ein »gefällt mir«-Zeichen, meist eine Hand mit einem nach oben gerichteten Daumen.

Login	die Anmeldung
Love-Bombing	Man macht dem/der anderen große Komplimente, überhäuft sie/ihn mit großen Gefühlen. Meist (aber nicht immer) passiert das mit dem Zweck, den anderen ganz für sich einnehmen zu können.
Love-Scam	Der berühmte Liebesbetrug im Internet: Man täuscht Liebe vor, um die/den andere(n) anschließend um Geld zu betrügen.
Match	Ein »Treffer«, zwei Personen haben virtuell Interesse aneinander.
Matching	Zwei Personen werden miteinander verbunden (gematched), wenn der Algorithmus der Börse ermittelt hat, dass sie gut zueinander passen könnten.
Mosting	Eine Kombination aus »Love-Bombing« und »Ghosting«: Zuerst werden große Gefühle vorgespielt, aber kurz darauf taucht der Chatpartner wieder unter.
Nickname	Ein Pseudonym, das man frei wählen kann und unter dem man in der jeweiligen Online-Börse aktiv ist. Das können reale Namen, aber auch Phantasiewörter sein.
Offline	Jemand, der offline ist, der ist gerade nicht im Chat angemeldet.

Orbiting	auch »Haunting«; ein früherer Chat- oder Flirtpartner reagiert zwar nicht mehr auf Zuschriften (Ghosting), verfolgt aber die geghostete Person trotzdem weiterhin auf Facebook oder Instragram und zeigt das auch durch Likes an.
PN	Private Nachricht. Eine PN kann ausschließlich von dem jeweiligen Adressaten abgerufen und gelesen werden.
Premium-Mitgliedschaft	Hier können mehr als die Basisfunktionen einer Online-Börse genutzt werden. Premium-Mitgliedschaften sind in aller Regel kostenpflichtig und werden mit Abonnements abgeschlossen.
Real Life	Das »reale Leben« außerhalb des Internets
Registrierung	Wenn man sich erstmals in einer Online-Börse anmeldet, muss man sich dazu registrieren und ein Nutzerprofil anlegen.
Scammer	Ein Betrüger, in Online-Börsen ein »Liebesbetrüger«
Sexting	Der Versenden erotischer Fotos, Texte oder Videos
Sneating	Man lässt sich zu einem meist teuren Essen einladen, hat aber eigentlich kein Interesse an dem anderen.
Stashing	dt. verstauen, bunkern; Wer seinen Partner »stasht«, der versteckt ihn oder sie vor seinen Freunden und der Familie. Die Beziehung soll geheim bleiben.

Submarining	Jemand taucht wie ein U-Boot plötzlich ab und erscheint ebenso plötzlich wieder auf der (virtuellen) Bildfläche.
Support	Unterstützung bei technischen Fragen zur Handhabung der Online-Börse durch den Kundendienst.
Trial	Eine zeitlich begrenzte Probephase für eine Premium-Mitgliedschaft oder andere Zusatzfunktionen.
Username	Benutzername, das jeweilige Pseudonym, das man online verwendet.
Verifizierung	Man weist damit die eigene Identität nach, in der Regel durch eine Kopie des Personalausweises.

Kürzel der Chatsprache

Viele Begriffe werden in der Chatsprache abgekürzt. Sie können zwar gern alles ausschreiben, da Sie aber vermutlich wissen möchten, was Ihnen Ihr Chatpartner mit seiner Abkürzung mitteilt, finden Sie hier einige der gängigen Kürzel:

ASAP	As soon as possible (so bald wie möglich)
ATM	At the moment (gerade, momentan)
BB	Bye Bye
BG	Bis gleich
Btw	By the way (übrigens…)
CU	See you (eine Verabschiedung)
FYI	For your information (nur zu deiner Information)
GN8	Good night (gute Nacht)
HDGDL	Hab dich ganz doll lieb
HDL	Hab dich lieb
IRL	In real life (im echten Leben)
LOL	Laughing out loud (lautes Lachen)
OMG	Oh my god (oh mein Gott, ach du meine Güte)

ROFL	Rolling on the floor laughing, man wälzt sich (im übertragenen Sinn) vor Lachen auf dem Fußboden
Sry	Sorry
TBH	To be honest (um ehrlich zu sein)
Wb	Welcome back (willkommen zurück)
Yaw	You are welcome (gern geschehen, keine Ursache)